부동산 투자
인사이트

부동산 투자 인사이트

김준영 지음

매일경제신문사

프롤로그

    2019년은 부동산을 처음 접한 지 20년째 되는 해다. 그 오랜 시간만큼이나 나에게는 부동산이 너무나 소중하고 고마운 존재다. 올해 부동산 시장의 전망은 20년 가까운 시장을 지켜본 나로서도 가장 예측하기 힘든 시장이다. 수많은 변수들이 부동산의 갈 길을 방해하고 있기 때문이다.

    그 변수들의 합이 상승의 변동성을 모두 흡수해서 침체로 보이는 곳이 있고, 또 다른 모습으로 현장에서 보여주고 있기도 하다. 이 책에서는 특정 지역을 이야기하기보다는 부동산을 어떤 시각으로 바라봐야 하며, 시장이 어떤 원리로 움직이는지를 알려주고 싶었다. 최근 규제 정책의 일환으로 수많은 대책들이 쏟아졌고, 또 시장은 여기에 대응하며 움직이고 있다. 이러한 정책도 과거에 한 번쯤 시장에서 사용된 정책이라 생각하고, 똑같을 것이라 생각할 수 있겠지만, 지금까지 부동산은 단 한 번도 똑같은 환경이 되어 본 적이 없다. 정책만 같을 뿐이지, 우리는 지금 2019년의 부동산 환경에 노출되어 있기에 또 다른 환경이라는 것을 인정하고 공부해야 한다.

시장의 이러한 다양한 변화를 이 책에 모두 담아내기는 힘들었지만, 최대한 시장의 큰 줄기를 가지고 움직이는 것을 이야기하고 싶었다. 이를 증명하기 위해 통계를 활용했고, 30년간의 긴 통계 그래프를 통해서 자의적인 해석이 되지 않도록 했다. 통계뿐 아니라 20년 동안 현장에서 체험한 내용으로 그 통계를 해석했다.

우리는 아직도 수많은 상승논리 및 하락논리와 싸우고 있다. 이는 우리가 영원히 풀지 못하는 숙제일 수는 있지만, 이 책에서만큼은 그 상승과 하락의 본질을 찾아가려고 했다. 입주물량, 즉 공급물량 하나만 봐도 통계를 읽는 방법이 수없이 많고, 해석도 자의적으로 할 수 있다. 우리는 너무나 쉽게 입주물량이 적은 것을 상승이라고 해석한다. 하지만 '입주물량은 상승할 수 있는 환경을 만들어 놓았다'라고 해석해야 된다. 도시마다 입주물량이 상승에 주는 영향들이 다르며, 그 다른 이유들을 찾아서 본질을 봐야 진정으로 상승이 무엇인지, 하락이 무엇인지가 보인다. 그 본질이 보일 때 우리는 예측이라는 것을 할 수 있으며, 지금 현재 상승을 시키고 있는 힘이 무엇인지 보이는 것이다.

2019년은 거의 모든 도시들이 수많은 변수들에 의해서 자기 모습을 감추고 있는 시점이라고 할 수 있다. 그 진짜 모습들을 볼 수 있을 때 수많은 변수는 보이지 않으며, 시장의 방향만 보이게 된다. 이때 비로소 시장을 예측할 수 있다. 이 책이 그 본질을 찾아가는 데 조금이라도 도움이 되는 책이 되었으면 한다.

김준영

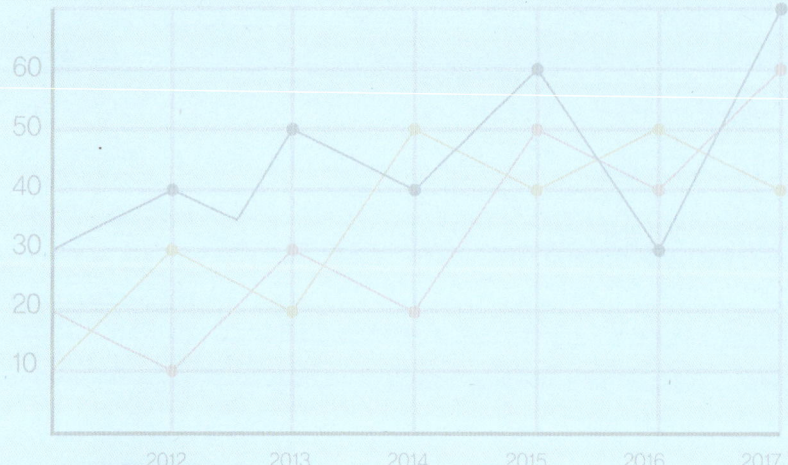

프롤로그 - 4

1장
부동산, 제대로 알고 투자하자!

주택 시장의 본질 파헤치기 - 15
수요와 공급의 적시성 차이로 생기는 가격의 변동원리 - 20
위치의 독점성에 따른 희소성 원칙 - 25
물결효과(Ripple effect) : 갭 메우기, 키 맞추기, 순환매수 - 28
대체할 수 없는 편익(Convenience & benefit) 우위지역 - 31
시간과 목적이 만나는 학군의 힘 - 34
지역과 지역의 가격 차이를 파괴하는 교통망 - 38
부동산의 우량주 효과 - 42
수요자와 공급자의 동일성과 이질성 - 45
요점 정리 - 50

쉬어가기
부동산 시장을 이해하기 앞서 - 54

2장
상승과 하락에서 보여주는 통계의 의미

수요는 어디에서 오나? - 63
*적정 수요는 없다. 그렇지만 한계 수요는 있다! - 66
수요의 변화를 읽어내라 - 72
가장 중요한 것은 공급량과 한계 수요다 - 75
*상승과 하락의 변곡점은 이렇게 만들어진다 - 82
수요, 공급이 가격 움직임과 잘 맞는 도시, 잘 맞지 않는 도시 - 88
인구수와 가구수 어느 것이 더 중요한가? - 92
주택 거래량은 가격과 함께 어떻게 움직일까? - 96
부동산 심리지수는 가격의 선행지수인가? - 103
공급과잉의 시작, 미분양이 말하는 의미 - 109
전세가율이 말하는 시장의 환경 - 116
자가 보유율, 중요한 이유가 있다 - 121
현장 분위기의 바로미터, 매수우위지수 - 127
택지공급 실적과 인허가물량만 봐도 절반은 성공이다 - 131

3장.
시장의 해석 방법과 부동산 시장이 보여주는 의미

시장을 끌고 가는 힘의 주체는 누구인가? - 139
공급(입주물량)은 어디까지 시장에 영향을 미치는가? - 143
첫 번째 가격 상승은 누가 만드나? - 147
가격의 변동성과 추세 - 151
상승추세와 하락추세 - 158
과거의 부동산 환경과 현재 공급되는 부동산 환경의 충돌 - 161
*상승과 하락, 그 변화의 시그널 - 166

4장.
부동산의 기본 상식을 뛰어넘자!

*입지보다 더 중요한 위치를 보면 고수다! - 195
도시의 모양, 구조와 기능이 중요한 이유가 있다 - 198
가격 상승과 가격 결정의 차이 - 201
눈에 보이지 않는 잠재 수요는 어떻게 움직이나? - 205
변수는 어떻게 해석할까? - 210
*상승의 원인도 바뀐다 - 216
시장을 이기는 정책 & 정책을 이기는 시장의 차이 - 220
매매가격과 전세가격의 상관관계는 있는가? - 223

5장.
앞으로 10년, 주택 시장의 중요한 트렌드 2가지

주택의 노후화에 따른 신축 효과 - 229
위치를 극복하는 브랜드 파워 - 232

6장.
공급으로 보는 도시의 사이클과 시장 예측 방법

시장의 전망은 어떻게 하나? - 237
공급으로 보는 시장의 사이클과 전망 - 240
  1. 선행 시장 부산의 30년 공급량으로 보는 상승과 하락의 사이클과 시장 전망 - 240
  2. 선두 시장 서울 수도권의 공급량으로 보는 상승과 하락의 사이클과 시장 전망 - 245

에필로그 - 252

부동산,
제대로 알고
투자하자!

주택 시장의 본질 파헤치기

주택 시장의 본질은 무엇일까? 이 본질은 사람들이 왜 움직이는지를 찾아가는 첫 번째 물음이다. 그 물음에 대한 답은 '주거'와 '자산'이다. 우리는 주거를 생각하지 않고 단 하루도 자유로울 수 없다. 한 도시에 필요한 주거 수요를 충족하기 위해서는 일정 부분 공급이 되어야 한다.

가격이 상승하고 하락하는 것은 주택 시장의 근본 문제라고 할 수 없다. 그 상승과 하락으로 가는 첫 번째 시작은 공급에서부터 시작된다. 공급 부족이 가장 먼저 주거라는 본질을 흔들며 시작하게 된다. 공급으로 발생하는 주거의 문제부터 자산 가격의 상승과 하락이라는 경제에 미치는 문제들까지 끊임없이 반복된다고 할 수 있다. 이렇게 보면 주거와 자산이라는 두 가지 본질의 중간에 공급이 중요한 역할을 하고 있다.

주거와 자산이라는 본질이 흔들리는 시장에서 수요자들은 매수와 매도를 하며, 시장의 상황에 따라 자신들에게 이익이 되는 방향으로 생각하며, 움직인다. 이렇게 상승과 하락으로 변화를 만들어가는 과정에서 부동산만이 가진 고유의 특성들로 인해 변동성이 생긴다. 변동성이 생기는 밑바탕에는 주거와 자산이라는 본질이 깔려 있으며, 그 본질을 깨우고 움직이는 시작점이 공급이다.

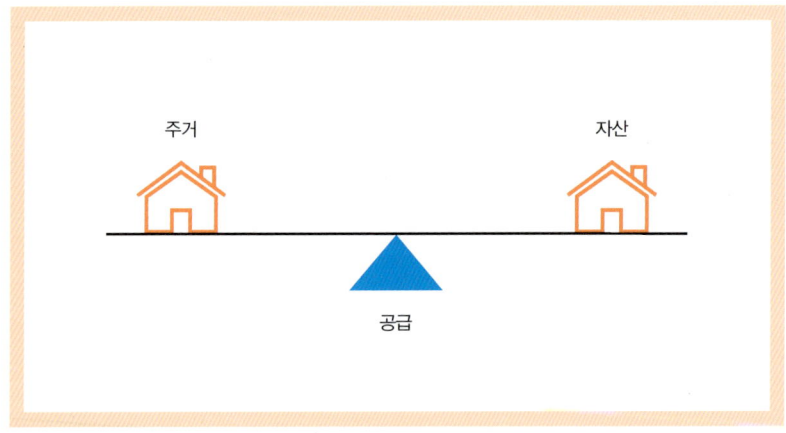

[자료 1] 주택 시장의 본질

첫 번째, 주거라는 관점에서 보면 우리가 살고 있는 도시는 주어진 공간 속에서 거주하는 사람들의 생각이 부동산과 여러 환경이 만나면서 이뤄진 것이다. 부동산을 둘러싼 여러 환경 중에서도 주거만큼은 공급이 가장 큰 역할을 하고 있다. 한 도시가 만들어 놓은 주거 환경은 수요자의 선택과 움직임에 따라 만들어졌다고 할 수 있다.

지금 이 순간에도 수요는 부동산의 본질인 거주와 자산의 성격이 바뀔 때마다 생각이 바뀌게 되면서 어떤 선택을 할지 예측하기 힘들다. 그렇지만 그 도시의 사람들이 거주에 대한 생각이 잘 표현되어 있는 것이 지금 거주하고 있는 모습이다. 또한 이들의 선택이 현재의 가격을 만든 것이다. 사람들은 보다 나은 삶을 위해 노력하고, 더 좋은 주거 환경을 가지기를 원하는 것은, 주거라는 본질에서 벗어날 수 없기 때문에 현재의 가격으로 보이는 것뿐이다. 어떤 사람이든 더 좋은 주거 환경에 살고 싶은 마음은 늘 잠재되어 있다. 이것이 주거라는 본연의 역할 및 자산 상승과 하락이라는 두 개의 관점에서 늘 선택의 고민이 되는 것이다.

이번에는 자산의 관점에서 보자. 주택 시장에서 사람들을 행동하게 만드는 것은 자산이 상승하고, 하락하는 움직임이 생겨날 때다. 이는 주택이 주거의 역할뿐만 아니라 자산의 성격으로써도 시장에 나타나기 시작하면서 사람들에게 동기를 부여하기 때문이다. 주택은 개인이 가지고 있는 가장 큰 자산이기에 동기 유발이 더욱 크게 된다. 자산을 지키고, 늘리기도 하는 한편, 거주 만족도 충족해야 하므로 늘 선택의 어려움이 따른다.

자산이라는 부동산의 또 하나의 본질에 가깝게 시장에 다가갈수록 잠재되어 있는 사람들의 내부 심리까지 드러난다. 이러한 심리는 상승과 하락하는 시장에 더 크게 반영되며 시장에 참여하게 된다. 그 중간에 나오는 다양한 정책과 경제적 환경의 변수들이 시장에 복합적으로 작용하면서 시장에 영향을 준다. 주거라는 본연의 문제에서부터 시작해 자산의 상승과 하락, 경제적인 문제, 그리고 더 나아가 주거 복지라는 정치적인 문제까지 복잡하게 시장이 얽히는 것이다.

[자료 2] 부동산 타이밍은 시간의 흐름과 공간의 만남이다

모든 문제의 핵심은 공급이다

하지만 모든 원초적인 문제의 시작점인 공급부터 풀어야 할 것이다. 공급이 충분하지 않은 환경이 지속될수록 잠재된 수요자들이 주거와 자산이라는 관점에서 언젠가는 바깥 표면으로 나오는 것이 상승장이다. 이와 반대일 경우 하락장으로 보이는 것뿐이다. 주택 공급

을 많이 하든, 적게 하든, 공급으로 완성되어가는 시간의 흐름 속에서 나타나는 가격의 상승과 하락의 현상들을 우리는 흔히 '부동산 시장이 좋다. 나쁘다'라고 표현한다.

여기서 주거의 관점 및 자산가치의 상승과 하락 사이에 공급이 있고, 공급은 또다시 특정 공간이라는 한정된 지역에서 발생한다. 그 주거 공간은 '서울' 또는 '지방'일 수도 있으며, 작게는 '구', 더 작게는 '동'일 수도 있다.

정리하면 부동산은 거주와 자산이라는 본질이 기본이 되고, 다시 그 본질을 흔들며 움직이게 하는 것이 공급이다. 또 공급은 한정된 지역의 주거 공간에서부터 시작한다. 그래서 우리는 부동산의 주거와 자산이라는 본질을 흔들어버리는 '공급'을 가장 중요하게 봐야 하며, 공급이 한 공간에서 어떤 작용을 하는지에 대해서 살펴보는 것이 이 책의 핵심이다.

수요와 공급의 적시성 차이로 생기는 가격의 변동원리

　수요와 공급으로 만든 변동성은 부동산 특성 중에서 가장 중요한 부분이다. 이 책에서도 전반적으로 다룰 내용 또한 가격의 변동원리다. 앞서 이야기했듯 수요와 공급의 변화는 늘 시장에 존재한다. 그 중 중요한 특성이 적절한 시기에 공급을 완성시키는 것이 공급의 적시성이다. 공급의 적시성을 가지지 못하는 주거 부동산의 특성으로 인해 수급 불일치가 생긴다. 이 수급 불일치로 생겨나는 시차 때문에 공급이 들어오기 전까지 가격이 상승하는 변동성이 생긴다.

　반대로 한번 공급된 물량은 완성되는 어느 시점까지는 일정 수요가 따라오지 못해서 과공급이 생긴다. 따라서 이에 따른 수급 불일치로 하락의 변동성도 생긴다. 이 공급의 시차는 보통 분양에서 완공까지의 공사기간이다. 주택 시장에서 수요와 공급이 탄력적으로 시장에 적응하기 힘든 구조적인 문제를 품고 있기 때문이다. 그 대표적인 예를 신도시에서 볼 수가 있다. 택지공급에서부터 입주까지 상당히 긴 시간이 필요하며 공급이 즉시 시장에 영향을 주지 못한다.

공급부족으로 상승 변동성이 나타나면 광역시 규모의 도시일 경우 3년은 기본적으로 상승한다. 그 이유는 2~3년 안에는 분양에서부터 입주까지 공급을 할 수 없기 때문이다. 특히 경제위기 뒤에는 수급 불균형이 더욱 심하게 나타난다. 위기를 느끼는 공급의 주체와 수요가 모두 위축되어 있는 상황에서 고르게 공급이 될 수 없는 것이다. 대표적인 예가 IMF와 2008년 금융위기 때다.

최근에는 도심과 외곽 신도시의 위치에 따라 공급량이 달라지고 있다. 이 때문에 전체 공급량은 많지만, 도심 공급량의 부족으로 수급 불균형이 벌어진다. 이는 기존의 외곽보다 도심에서 더 먼 지역에 신도시를 건설하면서 도심 영향권에서 점점 멀어져 도심 내 수급 불균형을 가져오는 데 기인한다.

이러한 수량의 불균형과 시간의 불일치를 만드는 부동산 특성은 개인의 가장 큰 자산이라는 측면이 강하게 작용하기 때문이다. 경제위기 시 개인은 자산을 지키려는 마음이 크기 때문에 매수를 더욱 하지 않는다. 이에 맞춰 건설사에서도 공급을 중단하게 되며, 중단된 공급이 다시 다음 상승장의 빌미를 제공하게 된다. 상승하는 자산에는 수요가 몰리게 되고, 몰리는 수요가 있는 시장에 건설사들이 적극적으로 분양 시장에 참여하는 것은 당연하다.

이 이야기를 종합하면 공급과 가격이 원인과 결과가 되어 반복하는 흐름을 알 수 있다. 가격의 상승은 공급을 불러오고, 증가한 공급은 가격을 하락시킨다. 하락한 가격은 공급을 감소시키고, 감소된 공급량은 다시 가격 상승의 원인을 제공한다. 공급의 변동성으로 만든 가격이 다시 공급의 변동성을 만들게 되는 것이다.

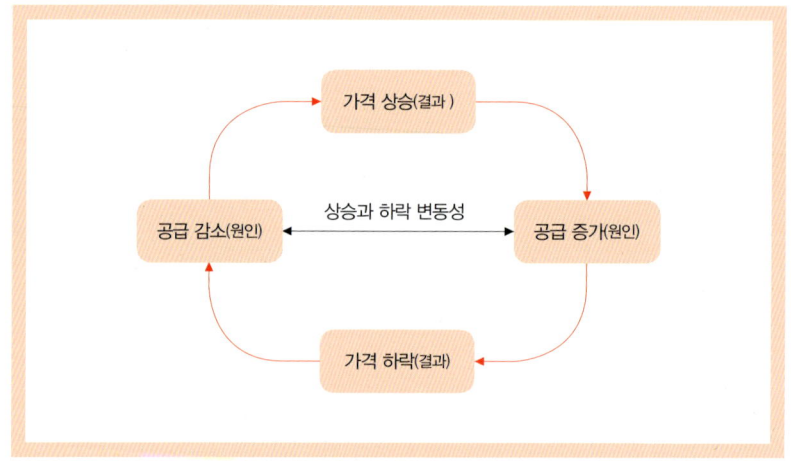

[자료 3] 공급에 따른 가격 상승과 하락이 원인과 결과가 되어 반복한다

이것이 주택 시장에서 가장 중요한 특성 중 하나다. 수요 변화와 공급량의 정도에 따라 도시마다 상승과 하락 사이클이 다르고, 가격의 상승폭도 다르다. 이 책에서는 수요와 공급을 중심으로 시장이 어떻게 변해가며, 어떻게 상승을 이어가는지에 대해 구체적으로 짚어 볼 예정이다.

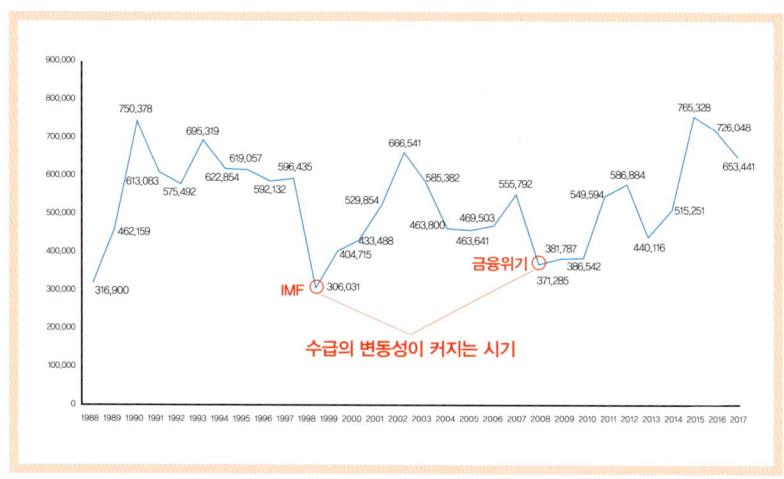

[자료 4] 주택 건설 인허가물량(전국)　　　　　　　　　출처 : 국토교통부 통계누리

　하나의 예를 들어 보자. [자료 4]를 보면 IMF와 2008년 금융위기에는 전국적으로 주택 건설 인허가물량이 급격히 줄어든 것을 알 수 있다. 위기를 느낀 수요 이탈과 가격 하락은 공급 감소로 이어졌다. 위기가 지난 이후 돌아온 수요는 위기 시기의 공급부족과 만나는 것이다. 이 공급부족으로 생겨나는 공백 기간이 주택가격 상승 변동의 근본 원인이다.

　[자료 4]는 우리나라 인허가물량을 전체로 확인한 것이지만, 이를 도시마다 세분화하면 확연하게 부족해 보이는 도시가 눈에 띌 것이다. 부동산은 지역 특성이 강하게 작용하기 때문에 지역별로 나눠서 보는 것이 더욱 정확하다. 공급이 적은 도시들일수록 가격 상승압력

을 강하게 받으며, 상승시점이 더 가파르다. 이것이 주택 공급의 적시성 차이로 나타나는 가격 변동성이다. 주거 부동산은 수요와 공급이 시장의 상황에 맞게 탄력적으로 대응하지 못해 생기는 불일치와 불균형의 특성을 기본적으로 가지고 있다고 할 수 있다.

위치의 독점성에 따른 희소성 원칙

　인간이 생활하면서 가장 필요한 재화 중 하나인 부동산이 보이는 희소성은 좀 남다르다. 부동산 특성 중에는 고정성과 물리적으로 무한하게 증가할 수 없는 부증성이 있다. 또한 부동산은 경제재인 만큼 자산가치가 높은 재화다. 더욱 중요한 점은 똑같은 재화를 생산할 수 없으며, 같은 위치도 없다는 것이다. 이러한 특수성을 가진 재화가 상승기를 맞거나 한동안 공급이 되지 않으면, 그 자체만으로도 높은 가치로 상승할 가능성을 가지게 된다.

　서울의 강남, 부산의 해운대구, 대구의 수성구 같은 한정된 도시 공간에서 일정 기간 동안 주택이 공급되지 않는다면, 그것만으로도 신축에 대한 희소성이 높아질 수밖에 없는 환경이 되는 것이다.

　또 하나의 예를 들어 보면, 지하철 역세권에서도 역마다 다른 위치이고, 지하철 노선마다 차이점을 보이는 것은, 위치의 독점성과 희소성을 가지고 있기 때문이다. 조망권도 비슷하다. 같은 아파트 내에서도 위치에 따라 다른 조망은 시세 차이가 난다. 이러한 위치의 독점성으로 가치를 높여주는 대표적인 것이 희소성의 예다. 또 하나는 희소성을 더해주는 특성이 부증성이다.

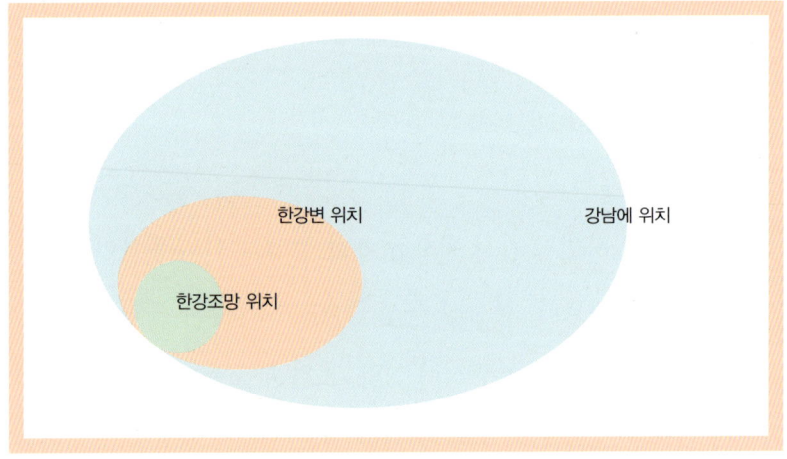

[자료 5] 강남에서 한강변에 한강을 조망하는 위치의 독점성

토지를 기반으로 하는 부동산은 한정된 지역이나 공간이다. 따라서 새로운 수요가 생겨나는 지역에 아파트 공급이 부족하게 되면, 새 아파트에 대한 희소성이 생겨나기 마련이다. 많은 도시들에서 학군지역은 구축 아파트도 희소성이 있는 이유도 한정된 공간에서 위치 희소성이 더욱 발휘되기 때문이다. 이러한 이유로 부동산은 수요와 공급의 균형점을 맞추기 어려운 특성도 있다. 원하는 곳에 필요만큼 공

급되지 않기 때문에 수요가 있는 곳은 늘 희소성이 따라붙는다. 특히 상승장에서는 가격 상승을 극대화시키고, 하락장에서는 안정적인 역할도 하게 된다.

물결효과(Ripple effect) : 갭 메우기, 키 맞추기, 순환매수

주택 시장의 특성 중에서 상승장에서 생겨나는 가장 중요한 현상이 바로 물결효과다. 흔히 부동산 현장에서 쓰는 용어는 '갭 메우기, 키 맞추기, 순환매수'라고 한다. 상승장에 들어선 도시의 한 지역에서 상승을 하면, 다른 지역으로 도미노처럼 번져가며 상승하는 것을 '물결효과'라고 한다. 이는 가격이 상승하면 생기는 부동산 특성 중 하나다. 보통 상승장에서 특정 지역 또는 특정 아파트만 상승하는 것이 아니라 대부분 지역의 비슷한 상품들이 지역 선호도의 차이에 따라서 가격 차이를 두고 가격이 따라가는 현상을 말한다.

이는 상식적으로 생각해보면 간단하게 이해할 수 있다. 사람들은 자산을 이용해서 최고로 가치 있는 물건을 찾으려고 하기 때문이다. 아니면 가장 살기 좋은 곳에 나의 자산을 맞추려는 생각으로 가장 높

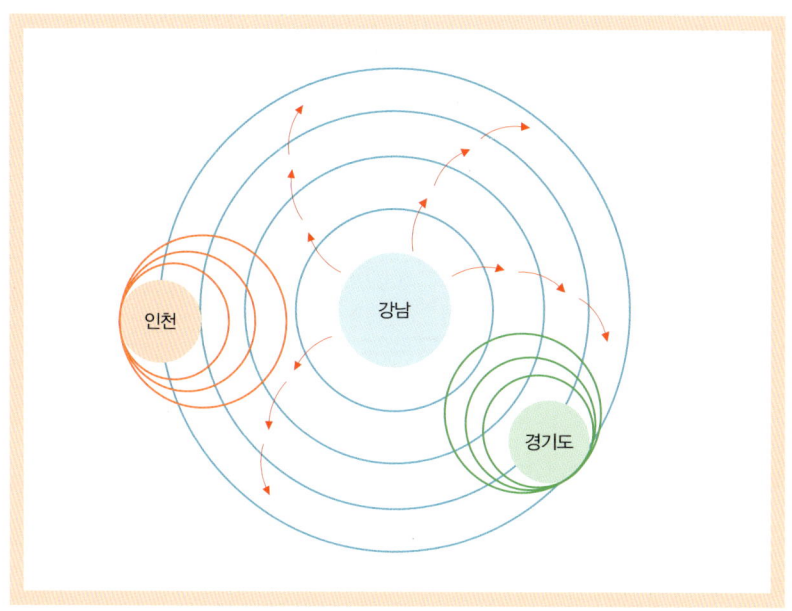

[자료 6] 물결효과(Ripple effect)

은 가격대에서 낮은 가격대로 계속 이동하며, 매수하기 때문이다.

예를 들어 서울의 경우는 가장 가격이 높은 강남구에서 상승이 시작되면 인접한 서초구, 송파구로 이동한다. 경부라인으로는 분당을 거쳐 수지 광교로 이어지고, 과천으로 가격이 옮겨가면 안양 쪽으로 이동한다. 비슷한 학군으로 퍼져 나간다면 강남구와 목동, 여의도, 용산도 비슷한 시차를 두고 움직인다.

이는 지방도 비슷하다. 부산의 경우 해운대를 기점으로 수영구, 남구, 연제구로 이동하게 될 가능성이 높다. 대구는 수성구를 기점으로 달서구로 이동하게 될 것이다. 이러한 물결효과는 구에서 구로, 동에서 동으로 이동하게 만든다.

이러한 물결효과는 어디에서부터 첫 번째 상승을 했는지가 아주 중요하다. 이는 도시마다 선호도의 차이는 있지만, 도심의 핵심지역에서 상승을 시작해 외곽으로 번져 나가는 경우와 반대로 외곽에서 중심으로 상승이 번져 들어오는 경우가 있기 때문이다.

최근에는 이러한 가격의 이동 속도가 무척 빠르게 이뤄지고 있다. 이는 SNS의 발달로 정보의 이동 속도가 무척 빠르고, 각종 커뮤니티를 통해서 전달되는 정보의 양이 광범위하게 빨리 퍼져 나가기 때문이다.

부동산은 특히 주거라는 관점에서 상대적인 비교가 되며, 주거 환경이라는 생활의 편리성이 갖춰진 정도에 따라 지역과 아파트마다 가격의 차이가 있기 마련이다. 가격 상승으로 만들어진 지역의 가격 차이가 시차를 두고 움직이는 특성을 잘 안다면, 상승기에 꼭 매수타이밍을 맞추지 않아도 된다. 먼저 움직이는 곳을 중심으로 해서 다음 지역을 선택하면 충분한 시간을 이용해서 투자할 수 있다.

이렇게 먼저 선택하려면 상승 전부터 지역의 특성과 가격이 보여주고 있는 차이를 미리 알아야 상승장에서 미리 선택할 수 있을 것이다. 투자 관점에서 보면 상승장에서 일어나는 특성 중 하나인 물결효과(갭 메우기, 키 맞추기, 순환매수)는 가격의 변화를 직접 만들어내는 중요한 특성임을 기억해두자.

대체할 수 없는 편익(Convenience & benefit) 우위지역

    부동산에 있어 특정 지역의 편리함과 유익함은 교통, 교육, 직장 등 다양한 이유로 만들어진다. 이를 대체할 수 없는 위치의 고정성에 의해서 더욱 공고히 다져지게 된다. 예를 들어 강남이라는 도시가 만들어 놓은 편익은 전국에서 어느 도시보다 뛰어나고, 또한 그 고정된 위치로 인해 대체할 수 없게 된다. 이러한 편익이 많은 강남 같은 지역을 '편익 우위지역'이라고 한다.

    만약에 강남을 대체할 수 있는 곳이 있다면 강남의 아성이 대체제로 인해 무너지거나 더 높은 가격으로 결정되어야 할 것이다. 하지만 또 다른 곳에 새롭게 대체제를 만든다고 해도 똑같은 편익을 가져다줄 수는 없다. 이는 부동산의 특성상 위치에 대한 고정성이 존재하며, 위치에 대한 편익까지 가져오지 못하기 때문이다.

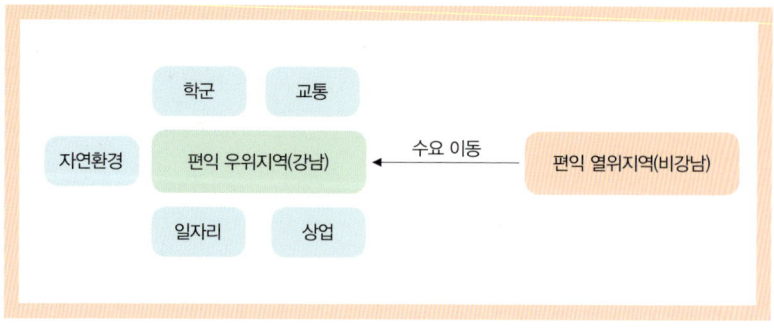

[자료 7] 편익 우위지역으로의 수요 이동

    이러한 편익은 공급이 줄어들 때 주택의 가치를 높이고, 상승기에 더욱 높은 상승률을 만든다. 일반적인 주택 수요는 개발을 통해 편익이 높은 지역으로 이동하려 하고, 이를 통해 조금이라도 더 좋은 편익을 누리려고 하는 것이 인간의 본성이다. 이러한 소비자의 욕구를 따라 실제 시장에서도 이동하게 되며, 나타나는 효과를 '편익효과'라고도 부른다.

    도시가 작든, 크든, 대부분 도시들은 편익 우위지역이 생겨나며, 열세지역에서 우위지역으로 계속해서 사람들이 모여들게 만든다. 도시의 역사가 깊을수록 만들어 놓은 편익이 많으며, 이는 더욱더 대체할 수 없게 된다. 특히 학군이라는 무형의 편익은 아무리 작은 도시라도 부동산 가격에 큰 영향을 주게 된다. 그래서 부동산은 주택 하나를 보는 것이 아니라 지역의 특수성을 감안해 주위의 입지와 위치를 분석하고, 지역이 가진 편익들을 분석하기 위해서 임장활동이 필수적이다.

대체할 수 없는 편익으로 인해 우위지역은 늘 사람들의 선호지역이 되며, 사람들은 끊임없이 이곳으로 이동하려고 한다. 이러한 특성으로 인해 상승기에 나타나는 가격의 상승은 열위지역보다 높은 상승률을 가지는 것이 일반적인 부동산 특성이다.

시간과 목적이 만나는 학군의 힘

　학군은 학교만 가지고 말할 수 없다. 학교와 학원, 높은 수준의 교육열 그리고 부모의 자산 등이 복합적으로 오랜 시간 동안 만들어낸 환경이다. 아무리 작은 도시라도 학군은 어느 정도 자리 잡고 있다. 우수한 학군과 학교에 자녀를 입학시키려는 부모들의 생각은 교육과정이 바뀔 때마다 무너질 것 같았지만 여전히 존재한다. 대부분의 도시들에서 지금도 여전히 학군이 좋은 곳일수록 부동산 가격이 높게 형성되어 있다.

　부동산 가격에 영향을 주는 여러 원인들 중에서 학군은 그 힘이 가장 강하다. 따라서 어느 도시든 간에 가장 높은 가격대에 형성되어 있다. 이는 학군이 부모의 자녀교육에 대한 의지의 표현일 수도 있고, 또 주거지 선택 시 교통과 더불어 가장 많이 고려되기 때문이다.

여기서 중요한 것은 학군이라는 교육의 목적과 특정한 시기에 자녀교육을 시켜야 한다는 시간의 만남이 존재한다는 점이다. 다시 말해 시간과 목적이 만나서 가장 강한 힘을 만들어냈다고 봐야 한다.

보통 초등학교는 고학년 전에 이동하는 것이 가장 좋은 시기다. 또 중학교부터 학군 좋은 학교에서 공부할 때 대학 진학률이 높아진다는 것이 통설이다. 이처럼 교육을 시켜야 하는 타이밍과 학군이라는 목적이 만나서 새로운 수요가 만들어지고, 학군지역은 끊임없이 수요를 끌어들이게 된다. 목적과 시간이 만나는 것 자체가 강한 수요의 힘으로 작용하게 되는 것이다.

상승기뿐 아니라 하락기에도 학군 수요는 존재한다. 다만 자녀교육을 시켜야 하는 학업 타이밍에 시기를 맞추기 위해 이동을 하기에는 상승기에는 매수로 참여할 가능성이 많아지고, 하락기에는 전세나 월세로 참여하게 될 확률이 높아지게 된다.

또 부동산 투자자가 아닌 부동산에 관심이 없는 일반인도 학군이 부동산 가격에 영향을 많이 미친다는 것을 인지하고 있다. 이러한 인식이 보편화되고 자녀교육 시기가 되면, 상승기든, 하락기든, 여전히 수요가 이동할 수도 있다. 다만 도시마다 수요의 크기에 따라서 학군이 가진 힘의 크기는 조금씩 다르다. 이 힘의 크기는 부자가 많이 모여 있는 지역일수록 더욱 크고 강하다.

각 도시에는 대표하는 학군이 있다. 서울 강남구 대치동과 부산시

해운대구 우동, 대구시 수성구 범어동, 광주시 남구 봉선동, 대전시 서구 둔산동, 울산시 남구 옥동 등이 그렇다. 하지만 지역의 학군마다 힘의 크기는 조금씩 다르게 작동한다. 이는 도시마다 인구수와 세대 규모 그리고 도시지형이나 구조에 따라 학군 형성이 조금씩 다르게 되기 때문이다. 따라서 이러한 도시가 가지고 있는 내부적인 영향에 의해서 상승시기와 하락시기에 그 힘의 크기가 다르기에 학군지역에 나타나는 수요의 힘도 조금씩 다르게 된다.

서울 수도권의 경우 강남은 우리나라의 대표 학군을 가지고 있는 곳이다. 서울 수도권은 도시 규모가 큰 이유로 인해 강남을 중심으로 목동, 분당, 평촌 등 오랜 시간에 걸쳐 학군이 분산되어 만들어졌다. 이렇게 여러 군데 학군이 만들어진 이유는 다양하겠지만, 서울의 경우는 이동거리의 영향이 가장 크다.

부산은 해운대구를 중심으로 동래구 정도로 분산되어 있다. 부산도 도심 내에서 단절되어 있는 도시지형으로 인해 하나의 지역에 학군이 모여 있지 않고, 분산되어 있는 것이 특징이다.

대구는 수성구를 중심으로 학군이 강하게 모여 있다. 대구는 도시 내에서 지역 간 단절된 곳이 거의 없기 때문에 수성구에 집결해서 모일 수 있는 도시 구조다. 그래서 부산보다 학군의 힘이 좀 더 크다.

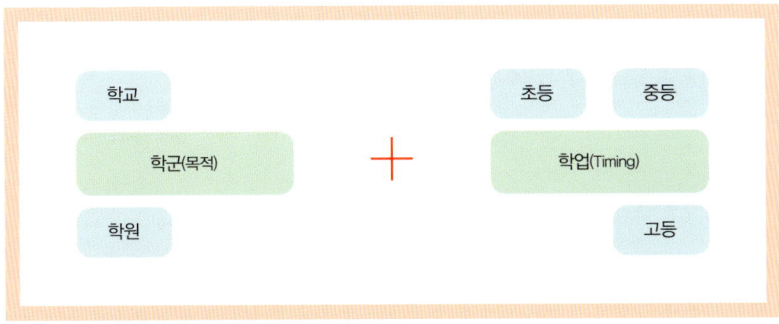

[자료 8] 수요와 가격에 영향을 미치는 학군

　인천은 서울과 경기권역 학군으로 빠져나가는 학군 수요로 인해 오랜 시간에 걸쳐 만들어져야 할 학군이 상대적으로 다른 도시보다 약하다.

　광주는 이동거리의 제한이나 단절 없는 도시 구조로 인해 남구 봉선동 쪽으로 모두 모일 수 있는 환경이며, 학군의 힘이 강하게 작용한다. 울산도 남구 옥동을 중심으로 모여 있는 구조다.

　이처럼 도시마다 지형이나 도시 구조와 인구수 등 도시가 가지고 있는 기능들로 인해 학군의 힘의 크기가 조금씩 다르다. 하지만 절대 무너질 수 없고, 부동산 가격에 막강한 힘을 작용하는 것이 학군이다. 이 학군의 힘은 교육을 시켜야 하는 시간과 목적이 만났기 때문에 더 강하게 수요를 끌어들일 수 있는 힘을 가지고 있고, 가격에 영향을 준다.

지역과 지역의 가격 차이를
파괴하는 교통망

 가격이 결정되는 일반적인 이론은 수요와 공급이다. 하지만 가격이 결정되는 것을 수요와 공급으로만 단정할 수는 없다. 부동산은 개별성이 워낙 강하고, 동일한 것을 계속해서 만들어낼 수 없는 특성을 가지고 있기 때문에 수요와 공급만으로 가격이 결정된다고 말하기는 어렵다.
 부동산에서 '시세'라고 할 수 있는 가격이 어느 선에서 결정되는지는 여러 가지 원인과 이유가 있다. 가격은 입지, 입지 안의 위치, 상품 이렇게 3가지 이유로 결정된다. 비슷한 입지 안에서도 위치로 더 자세하게 들어가면 지하철 역세권, 학교, 조망 등 어떤 편익이 있는지에 따라 가격이 달라진다.
 이 중에서 교통은 가격이 어느 선에서 결정될 때 중요한 역할을 하지만, 가격 상승의 본질은 아니다. 여기서 말하는 가격은 시세의 변동성을 말하는 가격 상승이 아니다. 가격이 어느 선에서 결정되어 시세가 형성되어 있는지를 말하는 것이다. 예를 들면 강남이 10억 원이고, 강북이 5억 원에 가격이 결정되어 있는 것을 말한다. 부동산에서 지하철이 가격을 상승시킨다고 할 수도 있지만, 상승기에 더 상승을 일으키는 원인이지 가격 상승, 즉 변동성의 본질은 아닌 것이다.

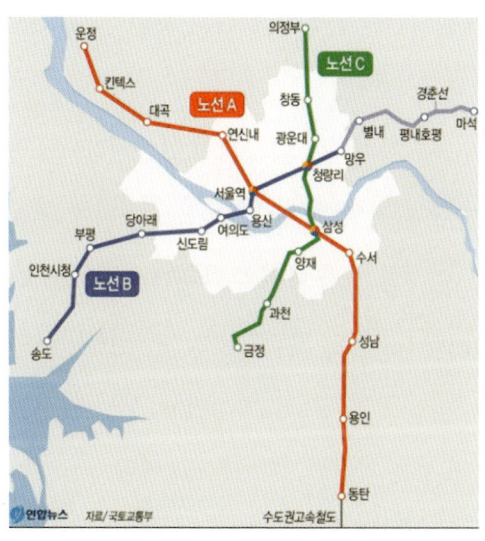

[자료 9] 교통망의 연결은 시간의 단축으로 얻을 수 있는
편익이 많은 곳에 연결될수록 지역과 시역의 가격 차이가 파괴된다
출처 : 연합뉴스

수도권 지하철 역사를 돌이켜 보자. 1971년 4월에 개통한 지하철 1호선에서 시작해서 2018년 서해선 소사역에서 원시역 개통까지 지하철 공사와 개통이 멈췄던 적은 거의 없다. 지하철이 호재이고, 가격 상승의 원인이라면 지하철 공사구간만 따라가면 부동산 투자에서 불패여야 한다. 하지만 현실은 그렇지 못하다.

교통망, 즉 지하철이나 새로운 교통은 지역과 지역의 위치를 극복해준다. 또한 여기서 생겨나는 이동거리의 단축, 즉 시간이라는 편익이 가격에 반영되기 때문에 지하철 역세권이 높은 가격에서도 선택되어지고, 높은 가격에 결정되는 것이다. 이는 가치 지불의 의사를 말하는 것이며, 가격 상승의 본질과는 다르다.

흔히 강남 접근성이라고 말하는 요지도 위치와 위치를 극복해주는 교통이 중심에서 그 역할을 해주기 때문이다. 예를 들어 A지역과 B지역의 부동산 가격 차이가 1억 원이 났다고 하자. A지역에서 B지역으로 새로운 교통망이 개통되면서 1억 원의 가격 차이가 5,000만 원으로 줄어드는 경우가 생길 수 있다.

때로는 A, B, C지역이 비슷한 가격대에 형성되어 있을지라도 A지역에 새로운 교통망이 생겨 강남과 연결됐다면 A, B, C지역에 대한 가격 파괴가 일어나게 된다. 이러한 가격 차이의 파괴는 상승기에 더욱 두드러지게 나타난다. 대표적인 곳이 판교와 광교다. 신분당선이 만들어 놓은 강남 접근성으로 높은 가격대를 형성했고, 웬만한 서울 도심보다 높은 시세가 형성된 것은 이러한 이유이기도 하다.

서울의 교통망, 특히 지하철은 가격 결정에 많은 영향을 주지만, 지방으로 갈수록 그 영향력은 크지 않다. 서울 수도권은 도심과 일자리가 많은 곳이라 접근하는 시간의 차이가 크게 나지만, 이동거리가 작은 지방은 큰 차이가 없기 때문이다.

최근에 관심을 받고 있는 GTX 노선들은 이러한 지역과 지역의 차이를 현저하게 줄여 줄 것으로 보인다. 특히 이동시간의 단축은 더욱 더 지역과 지역의 가격 차이를 극복하고, 지역과 지역의 시세를 파괴할 가능성이 높다.

예를 들어 GTX A노선의 경우 주거 환경이 뛰어난 동탄 지역에서부터 강남의 삼성역까지 노선이라면, 지역과 지역의 차이를 A노선이 한층 극복해줄 것이다. 이로 인해 동탄 지역의 주거 환경이 강남의 편익까지 이용하게 되며, 주위 시세를 자극하게 될 가능성이 높아지게 된다. 이처럼 교통망은 지역과 지역 사이의 위치와 거리를 극복하고, 그에 따른 편익이 반영되면서 지역에 대한 가격 파괴가 일어나는 것이 부동산의 본질이다.

부동산의 우량주 효과

　부동산의 우량주 효과란 쉽게 이야기해서 '낮은 주거 환경에서 높은 주거 환경으로 끊임없이 이동하는 효과'를 말한다. 사람들은 일반적으로 점점 높은 수준의 주거 환경으로 이동하려는 기본적인 욕구를 가지고 있다. 도심이 노후화로 주거 환경이 점점 열악해졌다면, 외곽의 신도시 같이 주거 환경과 품질이 높은 주택으로 자연스럽게 이동하게 된다. 이렇게 도심에 거주하는 고소득층을 자연스럽게 외곽으로 이동시킴으로써 도심 집중화를 막을 수 있다.

　하지만 현실적으로 도심에 갖춰진 생활의 편리성을 대체할 새로운 주거지를 만든다고 해서 도심이 갖추고 있는 특수성을 그대로 옮겨 갈 수는 없다. 예를 들어 강남을 대체하기 위해 신도시를 만든다고 하자. 강남 대신 새로운 곳을 선택할 수요는 있겠지만, 완전히 대체할 수는 없다. 상위 소득계층일수록 낮은 수준의 환경에서 지속적으로 높은 주거 환경으로 이동하려는 속성이 있다.

경제가 성장하고 소득이 늘어나면, 더 나은 주거 환경으로의 이동은 자연스러운 현상이다. 그래서 부자들이 거주할 수 있는 곳을 일정 부분 지속해서 제공해야 한다는 역설도 성립된다. 이러한 이유로 오랜 기간 동안 부자들이 거주할 수 있는 주택을 공급하지 않으면, 강한 상승압력을 받게 되는 것이다. 최근 지방에서 대형 평형과 고가 주택의 상승이 두드러지게 된 것이 바로 그 예다. 우량주 효과에 의한 주거지의 선택이 매우 제한적이었고, 도심 핵심지역에 고소득층을 위한 공급이 적었던 것이 한 원인이 된 것이다.

그래서 높은 수준에서의 주택개발은 늘 필요하며, 일정 시간을 두고 공급되어야 한다. 특히 고소득층이 선호하는 지역이나 높은 품질의 주택일 경우 가격 변동기에는 높은 상승의 압력을 받게 된다. 고소득층이 선택하기 때문에 상대적으로 가격에 대한 저항선도 낮다. 그렇기에 상승기 후반으로 갈수록 고가의 주택들이 상승폭을 확대하고, 강한 반등을 만들어내는 경우가 많다.

하락기에 여러 채를 보유하고 있는 다주택자가 우량한 주택을 더 소유하고, 그렇지 못한 주택을 매도하게 되는 현상도 이러한 우량주 효과에 따른 특성이다. 소도시라도 주거 환경이 우수한 지역이나 주택의 품질이 높은 곳은 늘 가격의 선두에 있으며, 고소득층 수요까지 자연스럽게 끌어오게 된다.

　좋은 주거 환경으로 이동하려는 기본적인 욕구는 자연스러운 현상이다. 이는 우량주 효과에서 잘 보여주고 있다. 그래서 상승기에도, 하락기에도 우량주 효과는 늘 나타난다.

수요자와 공급자의
동일성과 이질성

　주택 시장에서 새로운 공급자의 역할을 하는 것은 최초 공급자인 건설사다. 공급의 주체도 공공에서 하느냐, 민간에서 하느냐에 따라 다르겠지만, 공공에서 제공하는 것은 예외로 두고 생각하자.

　건설사에서 신규 공급한 주택을 매수하는 것은 시장의 참여자다. 이렇게 신규 시장에 참여한 수요는 때에 따라 매도를 통해 공급자가 될 수도 있고, 매수를 통해 수요자가 될 수도 있다. 또한 기존에 자가를 보유하고 있는 수요자도 시기에 따라 매수와 매도를 통해서 수요자의 역할도 하고, 공급자 역할도 하게 된다. 그래서 시장의 참여자인 수요자는 공급자와 동일성을 갖기도 하고, 이질성도 가지게 된다. 중요한 것은 어떤 상황에서 수요자 역할을 하고, 어떤 상황에서 공급자 역할을 하는지를 알아야 시장에 어떻게 영향을 미치는지 알 수 있다.

한 도시에는 새롭게 공급되는 공급량과 기존 시장에 풀려 있는 공급량이 늘 함께 존재한다. 신규로 공급된 물량과 시장에 나와 있는 재고물량이 수요자에 의해서 자연스럽게 가격이 형성된다. 여기에서 기존에 공급된 재고주택은 누군가가 거주하는 주택이다. 따라서 재고주택 물건들이 시장에 새롭게 나온다 하더라도, 새롭게 시장에 진입하는 수요 모두를 커버하기는 어렵다. 기존 주택들은 전세든, 월세든, 자가든, 수요를 원천적으로 품고 있기 때문이다. 그 주택에는 이미 누군가가 살고 있다는 말이다. 새로운 공급만이 새로운 수요를 자가, 전세, 월세 등 어떤 식으로든 흡수하게 된다.

새롭게 분화한 신규 수요는 계속해서 시장 안에서 움직이는 수요다. 그렇기 때문에 추가로 공급되지 않으면 당장 어떤 쪽이든 신규 수요에 의해서 가격에 영향을 받게 된다. 다만 수요는 자가 수요, 전세 수요, 월세 수요로 나눠지고, 때로는 자가에서 전세로, 전세에서 자가로, 자가에서 월세로, 월세에서 자가로 다양하게 이동할 수도 있다. 이러한 자유로운 이동에 의해서도 수요자가 공급자 역할을 하며, 공급자가 다시 수요자 역할도 하게 된다. 이처럼 수요자에서 공급자로, 공급자에서 다시 수요자로 다양하게 시장 상황 및 본인의 형편에 따라서 가장 이익이 되는 방향으로 선택하게 된다.

모든 사람들은 주거라는 특수성으로 인해 수요자와 공급자로 참여할 수밖에 없다. 이렇게 시장에서는 신규로 참여하는 수요자가 있고, 1가구 1주택자도 있고, 다주택자도 있다. 신규로 진입하는 수요자는 새롭게 시장에 참여하는 수요자다. 이들은 시장에서 가장 크고 직접적인 수급에 영향을 주는 수요다. 하지만 1가구를 소유한 유주택자부터는 다르다. 이들이 또 다른 주택을 선택하면서 기존 1주택을 매도하면, 매수자인 동시에 매도자가 되어 수요와 공급자의 역할을 동시에 하게 된다. 다주택자의 경우 여러 개 물건을 매도하게 되면, 공급자 역할을 더 많이 한다. 이처럼 시장의 여건이나 개인의 상황에 따라 상승기와 하락기에 다른 선택을 하게 된다.

일반적으로 상승기에는 매수에 참여하는 수요자 역할에서, 하락기에는 매도에 참여하는 공급자 역할을 많이 하게 되는 것이 통상적인 움직임이다. 만약에 규제정책으로 인해 다주택자가 제공하는 신규 전월세 공급을 원천적으로 제한하게 된다면, 시장은 매물 부족이나 전세 부족으로 상승압력을 받게 된다.

정상적인 시장 상황에서 자연스럽게 매물들이 시장에 나오며 시세가 형성되는 것이 아니라, 인위적으로 거래 규제를 하게 되면 시장의 매물들이 왜곡되어져 매물 부족이나 매물 과다로 변동성이 확대된다. 특히 다주택자 물건을 규제하게 되면 일시적인 매물 증가는 있을 수 있지만, 시간이 지날수록 다주택자의 참여가 줄게 되어 매도물건뿐 아니라 임대매물까지 줄어들게 된다. 기본적으로 시장에 나오는 매물들이 작아져 매매가격이든, 전세가격이든, 어느 한쪽의 가격 상승압력을 높이게 된다.

시장의 참여자인 무주택자, 유주택자, 다주택자가 스스로 판단해서 선택할 수 있게 거래에 대한 제한은 될 수 있으면 하지 않는 것이 좋다. 시장의 기능 및 자연스러운 거래를 통해서 수요와 공급의 역할들을 서서히 찾아가면서 균형을 맞추게 된다. 이 속에서 수요자와 공급자가 스스로 역할을 바꾸면서 균형점을 찾아가는 것이다.

이처럼 수요자와 공급자의 역할이 변화하며, 그 속에서 나오는 물량들이 잉여 물건이 되기도 하면서 시장이 원활하게 돌아가는 것이다. 시장의 기능에 의한 부동산 거래가 활성화되려면 일정량의 거래와 거래를 연결해주는 거래의 시간만큼이나 잉여물건들이 풀려 있어야 된다. 주택보급률이 100%라고 하더라도 시장에 물건이 부족한 것은 이러한 이유가 포함되어 있다. 모두가 1가구 1주택이 현실적으로 어렵다면, 다주택자의 기능을 충분히 활용해 이들이 행하는 시장의 공급자 역할도 인정해줄 필요가 있다. 지나친 정책 개입은 시장을 왜곡시키며, 공급자와 수요자의 역할을 어렵게 해 자연스러운 거래가 힘들어진다.

일반적인 시장에서 물건이 비싸지면 공급자가 많이 나타난다. 이와 마찬가지로 부동산 시장도 가격이 변동하는 시기에 따라 공급자와 수요자가 시장에 나오는 것뿐이다. 이러한 시장의 원리에 의해서 공급자와 수요자는 때로는 동일성을 가지기도 하고, 이질성을 갖기도 하는 것이다. 이와 같은 부동산의 특성을 이해하고, 시장을 봐야 할 것이다. 이질성과 동질성은 하나의 도시라는 공간에서 역할만 바뀔 뿐 주거라는 본질은 바뀌지 않기에, 공급량을 토대로 이동하는 수요의 변화를 읽는 데 큰 의미를 가진다.

요점 정리

1장에서는 주거 부동산의 중요한 특성들에 대해서 간단하게 살펴봤다. 이 내용들은 부동산에 실거주를 선택하든, 투자를 하든, 우리가 부동산 시장에서 기본적으로 알고 있어야 할 고유한 특성들이다. 이러한 특성들은 하락기보다 상승기에 확연하게 밖으로 드러난다.

앞서 말한 내용을 다시 정리하면 다음과 같다.

첫째, 부동산은 주거라는 본질과 자산이라는 성격을 동시에 가지고 있다. 이는 인간의 본성에 가까운 특성으로 늘 잠재되어 있어 사람들을 생각하게 하고, 행동하게 만든다. 이 본질을 깨우는 것이 공급이다. 공급은 주거와 자산 사이에서 중요한 역할을 한다.

둘째, 부동산 고유의 특성인 희소성은 위치의 독점성으로 다른 재화와 큰 차이가 있다. 이러한 희소성이 상승기에 발현되면, 큰 폭의 가격 상승을 가져다준다.

셋째, 가격 상승이 일어난 도시는 물결효과라는 특성으로 변동성을 주위로 이동시킨다. 중심에서 외곽으로, 외곽에서 중심으로 가격 상승이 일정 시간을 두고 퍼져 나가는 효과를 만들어낸다. 가격에 대한 상대적 비교에 의해서 낮은 가격으로 이동할 때 생기는 현상이다. 상승기 초기에 진입할 때 가격이 더욱 빠르게 이동하며, 물결효과라는 특성이 뚜렷하게 나타난다.

넷째, 강남구, 수성구, 해운대구 같이 대도시에 만들어 놓은 편익 효과는 다른 지역으로 대체하기 힘들다. 이러한 편익성이 강한 지역은 우월성을 가지고 있기 때문에 아무리 대체제를 만들어도 완전히 대체될 수가 없다. 이는 부동산이 가지고 있는 위치를 극복하지 못하는 것도 중요한 요인이다.

다섯째, 학군이라는 목적이 있는 선택은 학업이 필요한 시간 안에 움직여야 한다. 그렇기 때문에 학군지역은 어느 도시든 수요를 끌어들이는 큰 힘을 지니고 있다. 그래서 아무리 작은 도시라도 학군지역은 높은 가격으로 결정되어 있다.

여섯째, 교통망은 가격 상승의 본질이 아니다. 지역과 지역을 연결시키며 위치를 극복하는 것이다. 이로 인해 생겨나는 편익은 높은 가격으로 반영된다. 예를 들어 강남처럼 편익이 큰 곳으로 연결되는 교통망은 큰 편익을 주기 때문에 가격 결정에 더 많이 영향을 미치게 되는 것이다.

일곱째, 우량주 효과다. 인간의 욕망은 편익이 있는 곳으로 끊임없이 움직이는데, 이는 소득이 늘어나게 되면 생기는 자연스러운 현상이다. 그래서 편익이 높은 곳으로 계속해서 수요가 몰리고, 편익이 높은 상품이 점점 더 높은 가격으로 형성되어 상승기에도, 하락기에도 이러한 우량주 효과를 보이게 된다.

여덟째, 시장의 참여자들인 수요자와 공급자는 본인에게 유리한 선택을 하면서 때때로 역할을 바꾸기도 한다. 특히 상승기와 하락기에는 어떤 선택을 하느냐에 따라 시장에서 보이는 모습이 다르다. 이 부분은 뒤에서 좀 더 자세하게 다뤄 보도록 하겠다.

마지막으로 가장 중요한 점은 부동산의 특성상 공급의 적시성이 이뤄지지 않아 수요와 공급이 맞지 않는 구간에서 가격의 변동성을 만들어내는 것이다. 우리가 대부분 알고 싶어 하는 것은 가격의 변동이기 때문에 가장 중요하게 봐야 할 특성이다. 기본적으로 주택 시장에서 수요는 시장 상황에 즉각적으로 반응하는 한편 공급은 탄력적으로 수요를 대응할 수 없는 특성이 있다는 것을 꼭 기억해두자.

　앞서 말한 부동산의 특성들, 즉 주거와 자산이라는 본질에서부터 시작해 희소성, 물결효과, 편익우위 지역, 우량주 효과 등은 가격의 변동성이 보일 때 수면 위로 더욱 확연하게 드러난다. 이러한 특성들을 미리 알고 있다면 실거주 또는 투자에 상당한 도움이 될 것이다. 그래서 상승기를 만들어내는 도시의 공급량과 수요, 그리고 시장이 어떻게 변해가며 가격 상승을 만들어내는지에 대해서 이 책의 대부분을 할애할 예정이다.

쉬어가기
부동산 시장을 이해하기 앞서

　가격의 상승과 하락에 영향을 주는 것들은 수없이 많다. 특히 부동산을 말할 때 대부분의 사람들이 빼놓지 않고 이야기하는 것이 첫째도, 둘째도, 셋째도 입지다. 결과로 보면 맞는 내용이지만, 입지가 가격 상승의 원인이라고 말할 수는 없다. 그래서 가격 상승이나 하락의 변동성에 대한 원인들을 찾고자 한다면 입지에 큰 의미를 둘 필요가 없다. 입지는 부동산의 중요한 한 부분이지, 가격 상승의 변동성을 만들어내는 근본은 아니기 때문이다.

　다만 변동성의 근본이 무엇인지 찾고, 그 후에 입지, 교통, 자연환경, 상권 등이 시장에서 어떤 역할을 하며 작동하는지가 더 중요하다.

가격 결정에 영향을 주는 것 중 가장 대표적인 것이 수요와 공급이다. 그 외에 소득, 물가상승, 금리, 경제성장률, 인구, 세대수, 유동성, 부동산 정책 등 수없이 많다. 이 모든 것이 가격에 영향을 주는 것이지만, 언제 상승을 일으키는지 변동시점을 찾는 것은 별개의 문제다. 그렇기에 어떤 것이 변동성에 직접적인 영향을 주는지 알기는 매우 어렵다. 다만 상승기에는 가격에 영향을 주는 요소들이 부동산의 상승을 더욱 자극하고, 상승폭을 확대시키는 것은 맞다.

통상적으로 가격은 수요와 공급에 의해서 결정된다고 하지만, 그렇다고 결정된 이 시점이 가격의 상승시점을 말하는 것은 아니다. 그렇지만 가장 중요한 주택 시장의 특성 중 하나인 공급의 적시성 확보의 어려움으로 인해 생기는 시차에 의한 변동성은 매우 유의미하다.

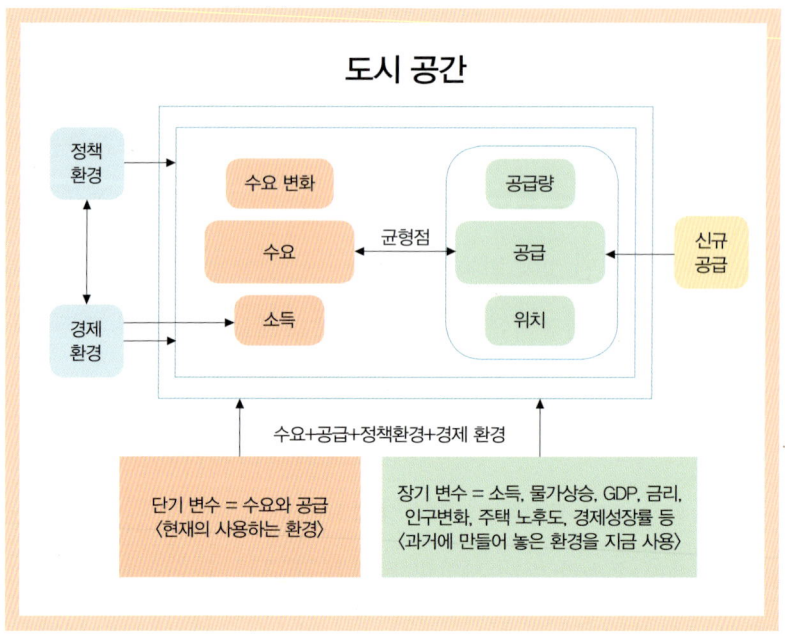

[자료 10] 가격 변동에 영향을 주는 단기 변수와 장기 변수

[자료 10]에서 보듯 가격의 변동에 영향을 주는 단기 변수는 수요와 공급에 의해서 변동성을 만들며, 이는 현재의 시장에서 가장 많은 영향을 준다. 변동성을 만들어낸 이후에는 부동산의 여러 특성들인 다른 이유들로 상승원인이 바뀌게 된다. 예를 들어 물결효과라든지, 호재에 따라 수요가 움직인다든지, 유동성의 힘이든지, 투자자에 의한 투자 수요라든지, 가격 상승을 일으키는 다양한 이유들로 인해 시장에서 상승이유가 시기와 지역에 따라 바뀌어가는 것이다. 다시 말해 공급이 만들어 놓은 변함 없는 상승환경에서 다양한 상승의 변수

들이 가격 상승원인으로 바뀐 것이다. 이러한 이유로 여전히 상승원인에 대한 논란은 끊임없이 생겨나는 것이다.

또 장기적인 변수로 보면 도시마다 여러 가지 환경으로 상승의 변수가 내재되어 있을 수 있다. 단기적으로는 한 도시의 공급량 속에서도 위치에 따라 수요가 몰리기도 하며, 서서히 상승의 변동성이 생기기도 한다. 때로는 낮은 분양가로 생겨나는 가격의 변동성도 있다. 장기적으로 보면 경제성장률이나 소득 증가 그리고 금리, 주택 노후화는 과거에서 만들어진 영향들이 현재의 시장에 영향을 주고 있는 것이다.

이처럼 단기 변동에 영향을 주는 것과 장기 변동에 영향을 주는 것은 시장에 늘 존재한다. 예를 들면 소득 증가는 저축으로 축적된 자산이 다시 부동산으로 나오기까지 꽤 오랜 시간에 걸쳐 만들어 놓은 환경이라고 할 수 있다. 현재의 입주물량은 지금 매매가격이나 전세가격에 바로 영향을 주는 요소라고 할 수 있다.

다른 예로 시중 유동성의 힘은 지난 금융위기 이후에 낮은 금리에 의한 대출 증가로 만든 것일 수 있다. 또 주택 노후화도 30년 전 주택 시장에 공급된 주택들이 노후화되면서 신축 시장에 상승압력을 주는 것이다.

이처럼 과거에 만들어 놓은 환경을 현재에 사용하는 것이 있고, 현재 시장에서 가격에 바로 영향을 주는 환경들이 있다. 단기적인 변수에 의해 지금 영향을 주고 있는 것과 과거부터 만들어 놓은 장기적인 환경들이 시장에 복합적으로 영향을 주는 것이다.

지금 부동산 시장에서 영향을 바로 주고 있는 것 중 가장 중요하고 영향이 큰 것이 공급이다. 그래서 한 도시에서 공급의 양이 어떤 환경에 만났을 때 시장의 변동성이 생기고, 어떻게 진행되며, 또 수요는 어떻게 움직이는지, 정부의 정책은 또 시장에 어떻게 반응하는지 살펴볼 계획이다.

시장을 읽고 예측하는 방법은 많지만 어떤 방법이 맞고, 어떤 방법이 틀렸다고 할 수는 없다. 자신만의 인사이트를 가지고 분석할 뿐이다. 필자는 스스로 예측할 수 있는 범위 내에서 볼 수 있는 것만 보고, 예측하라고 말하고 싶다. 일반인들이 예측 범위에 있지 않은 거시경제라든지, 금리 방향 등에 너무 고민하지 않는 것이 오히려 주택 시장을 객관적으로 볼 수 있다. 소득에 대한 잘못된 인식도 이에 기인한다. 소득은 지금의 수입이지만, 자산은 축적된 것으로 주택은 자산으로 매수하는 경우가 훨씬 빠르기 때문이다.

소득은 시장에 당장 영향을 주는 것보다는 장기적인 시장의 영향에 있는 것이기 때문에 소득으로 상승을 예측하고 맞추는 것은 어렵다. 단지 소득 대비 주택가격이 지금 어느 정도인지, 다른 나라들의 사례와 비교할 수는 있다. 이렇듯 지금 실거주자나 투자자라면 우리가 볼 수 있는 것만 가지고 예측하는 것이 더 현실적이다. 공급과 수요 중에서도 변화가 심한 수요보다 2년 동안 고정되어 있는 공급량이 더 분명하게 보인다.

공급량은 분양에서 입주하는 물량으로 누구나 확인할 수 있는 통계이지만, 시시때때로 변화하는 수요를 정확하게 알 수는 없다. 다만 수요는 과거의 자료들을 통해 유추해볼 수 있을 뿐이다. 그래서 '수요가 있는 곳에 투자하라'는 말에서 '수요'는 현실에서는 그렇게 쉽게 파악되지 않는 요소다.

앞에서 이야기했듯이 가격을 상승시키는 여러 가지 원인들 중에서도 단기적인 변동성을 예측하는 데 장기 변수를 넣어서 예측할 수 없다. 또 장기적인 예측을 하는 데 단기 변수를 넣어서 예측할 수도 없는 것이다. 이러한 장·단기 시장의 흐름에서 어떠한 것들이 현재의 시장에 가장 큰 영향을 주고 시장을 끌고 가고 있는지를 찾는 것이 가격의 변동성을 찾는 것만큼이나 중요하다. 투자 환경에서 최소한의 아는 것을 가지고 예측하는 것이 가장 현실적이다. 공급량만이 우리가 볼 수 있고, 예측 가능한 유일한 자료다. 그 속에서 단기적인 가격의 변동성을 만들어내는 여러 가지 이유와 원인들을 찾고, 수요와 공급은 통계를 통해서 좀 더 구체적으로 시장이 어떻게 진행되는지 알아보도록 하자.

2장

상승과
하락에서
보여주는
통계의 의미

수요는 어디에서 오나?

수요는 장기적인 관점과 단기적인 관점에서 생각해봐야 한다. 지금 당장 시장에서 움직이는 수요가 있고, 상승기에 출연하는 투자 수요와 잠재 수요가 있다. 이들은 단기에 움직이는 수요라고 할 수 있다. 장기 수요는 소득의 증가로 늘어나는 수요가 대표적이다. 이렇게 장기 수요와 단기 수요는 인구수 증가, 가구수 증가, 소득 증가를 통해 지속적으로 늘어나는 수요라고 할 수가 있다.

이러한 수요들이 어느 정도만큼 시장에 참여하는지, 그리고 어떤 (매매, 전세, 월세) 수요로 참여하는지 알 수는 없다. 다만 인구수 증가, 가구수 증가는 시장에 바로 영향을 미칠 수 있는 수요이기에 중요한 수요다.

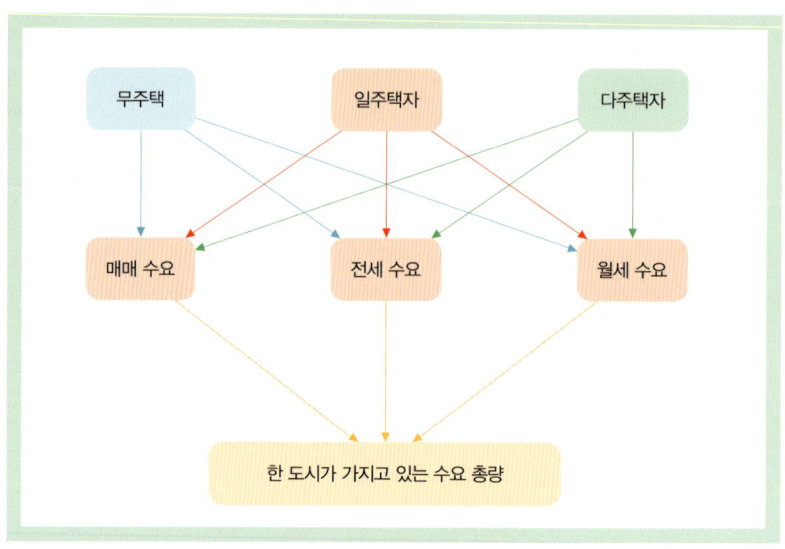

[자료 11] 한 도시가 가지고 있는 수요 총량 - 매매, 전세, 월세 수요 안에서 움직인다

    단기 수요는 소득이 증가하지 않거나 주택가격이 상승하지 않으면 전월세 수요로 이동하며, 전세가격이나 월세가격에 영향을 미친다. 장기적으로는 잠재적 매수 수요인 잠재 수요로 들어가게 된다. 이처럼 움직이는 수요 중에서 특히 매수 수요는 가격 상승 여부에 따라서 변화가 크다. 이러한 이유로 수요는 단기 수요로 참여하거나 장기 수요로 숨어버리거나 하는 복잡한 양상을 띤다. 그래서 매수 수요 예측이란 것 자체가 매우 어렵다.

    또 변화하는 수요로는 대표적인 것이 투자 수요다. 이러한 이유로 중요한 수요이기는 해도 그 수요의 크기를 알 수 없기에 예측 범위에 있지 않다. 한 도시가 가지고 있는 수요의 총량은 결국 매매, 전세, 월세로 어떤 거주 형태든 받아주는 수요다. 이 모든 변동 수요의 결과는 결국 매매, 전세, 월세라는 실수요자로 귀결된다.

아무리 투자 수요가 많이 들어온다고 해도 이 투자자의 물건을 받아주는 이들은 그 도시 안에 살고 있는 전세, 월세의 실수요자다. 결국 이는 실수요자 한 명을 사라지게 하는 수요일 수밖에 없다.

이렇게 해서 사라지게 되는 수요량의 크기가 그 도시가 가지고 있는 한계 수요다. 그 속에서 상승과 하락이 반복된다고 할 수가 있다.

그렇게 또 일정한 시간이 지나면서 신규 수요가 다시 등장하고, 결국 이 수요조차 공급으로 빨려 들어가게 되면서 시장은 수요와 공급이라는 큰 틀에서 벗어나지 못하게 된다. 그래서 한 도시가 만들어내는 최대 신규 수요가 그 도시 수요의 힘의 근원이다. 이것이 모이는 시간의 길이에 따라 힘의 크기는 다르게 된다. 우리가 굳이 알 수 없는 변동 수요에 집착할 필요가 없는 것이다.

그중에서도 신규 시장으로 참여할 가능성이 가장 많고, 직접 부동산에 영향을 줄 수 있는 가구수 증가와 멸실 가구, 세대수 증가로 새롭게 시장에 진입하는 수요가 제일 중요한 수요라고 할 수 있다. 이 수요가 밑바탕에서 가장 먼저 움직이는 핵심인 것이다. 이렇게 증가하는 수요들이 서서히 시장에 영향을 주게 된다.

*적정 수요는 없다.
그렇지만 한계 수요는 있다!

수요 통계는 지금껏 많은 연구 보고서와 투자자들에 의해 만들어져 왔다. 하지만 어느 것도 정확한 수요라고 말하기는 힘들다. 국토교통부 보고서의 제2차 장기(2013년~2022년) 주택종합계획 내용에 따르면 전국 연평균 39만 호에서부터 수요 변동성까지 포함하면 57만 5,000호까지 예상하고 있다. 2018년에 발표된 제2차 주거종합계획 수정계획에서는 연평균 38만 6,500호(31만 6,200호~45만 7,200호)로 추정한다고 되어 있다. 이렇게 국토교통부 보고서에서도 보듯 정확한 수요를 예측하기 힘들다는 것을 알 수 있다. 다만 대략적인 정도로만 수요를 추정할 뿐이다.

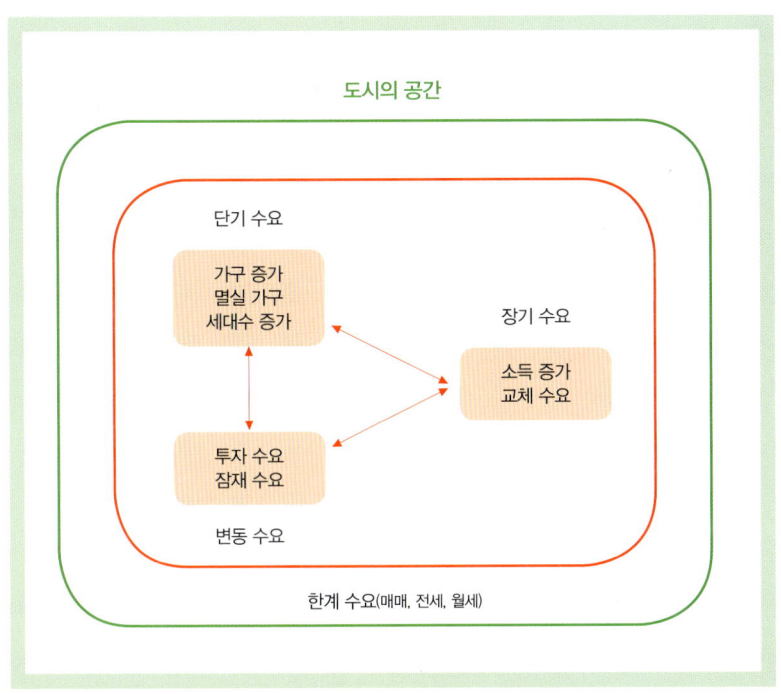

[자료 12] 변동하는 모든 수요의 총합은 결국 실수요인 한계 수요 안에서 흡수된다

또 다르게 생각해보면 내가 거주로 필요한 집은 하나이지만, 필요에 의해서 여러 개 구입한다면 적정 수요란 것이 존재할 수 없다. 실거주 외에 주택을 추가 소유하고 있다면, 모든 집에 거주할 수는 없기에 누군가에게 임대를 해야 한다. 그 임대 수요까지 넘어선 공급이라면 초과공급이라고 할 수 있을 것이다.

한 도시에서 필요한 적정 수요는 알 수 없지만, 한 도시에서 공급된 물량을 한 해에 소화할 수 있는 한계의 공급량, 즉 '한계 수요'는 분명히 있을 것이다. 이 한계 수요 밑으로 공급되면 가격이 상승압력을 받고, 한계 수요 이상 공급되면 하락압력을 받게 된다. 이는 수요자들이 시기에 따라서 매매, 전세, 월세 중 본인에게 유리한 쪽으로 선택한 것이 가격에 영향을 주기 때문이다.

부동산 시장에서의 수요는 가구분화로 생겨나는 신규 수요와 기존 주택에 거주하면서 매수를 대기하는 잠재 수요, 크게 두 개로 나눌 수 있다. 여기서 다시 수요는 거주 형태에 따라 매수 수요와 전세 수요 그리고 월세 수요로도 나눌 수 있다. 또 매수 수요는 다시 투자 수요와 실거주로 나뉘고, 또 투자 수요는 도시 내부 수요와 외부에서 들어오는 수요로 나눌 수도 있다. 이렇게 복잡하게 얽힌 수요자들이 시시때때로 변화하며 시장에 참여하게 된다.

하지만 아무리 수요가 변하더라도 한 도시가 소화할 수 있는 수요는 있기 마련이다. 결국은 하나의 도시는 인구수, 가구수, 세대수 등의 규모에 따라서 수요의 크기 차이가 있지만, 결국 매매, 전세, 월세 안에서 모두 흡수가 된다. 그렇기 때문에 일정 수준 이상의 공급은 수요와 공급이 균형을 이루기 전까지 가격 하락 압력을 받게 된다.

1년이라는 한정된 시간을 가정하면, 정해진 시간에 소화할 수 있는 한 도시의 수요는 한정된 수요 안에서 매매 수요, 전세 수요, 월세 수요가 서로 이동할 뿐이다. 외부 인구 유입이라는 특별한 이슈가 없는 경우라면, 한 도시 공간에서 수요는 일정 이상 특별한 이유 없이 더 만들어낼 수 없다. 결국 수요와 공급이 어느 시점에는 균형점을 맞춰 가게 되는 것이다.

이를 반대로 보면 수요와 공급의 균형점 이탈이 변곡점*일 가능성이 많다. 특히 한계 수요 이상 공급됐을 때 시장은 안정을 찾아가고, 가격 상승도 멈추거나 하락하게 된다. 그 반대로 한계 수요 아래일 때는 상승압력을 받게 되는 것이다. 그리고 이 한계 수요를 기준으로 공급이 누적되면 될수록 상승과 하락 압력은 높아지게 된다.

[자료 13]에서 부산을 예로 한계 수요에 대해서 알아보자. 부산의 평균 공급량(입주물량)은 1988년부터 2020년까지 약 2만 3,000세대 정도 된다. 이 평균 공급물량은 32년 동안 수요와 공급에 의해서 시장 스스로가 균형을 맞춰 간 것이라고 할 수 있다. 평균 공급량이 중요한 것은 한 도시에서 32년이라는 오랜 기간 동안 여러 부동산 환경을 겪으며 나온 산물이기 때문이다. 이렇게 오랜 기간 동안 상승기에는 공급량이 늘어나고, 하락기에는 공급량이 줄어들면서 시장 스스로의 자정 기능에 의해서 수요와 공급이 균형점을 찾아 나간 것이라고 할 수 있다.

---

* 변곡점 : 상승에서 하락 그리고 하락에서 상승으로 전환되는 첫 번째 시점

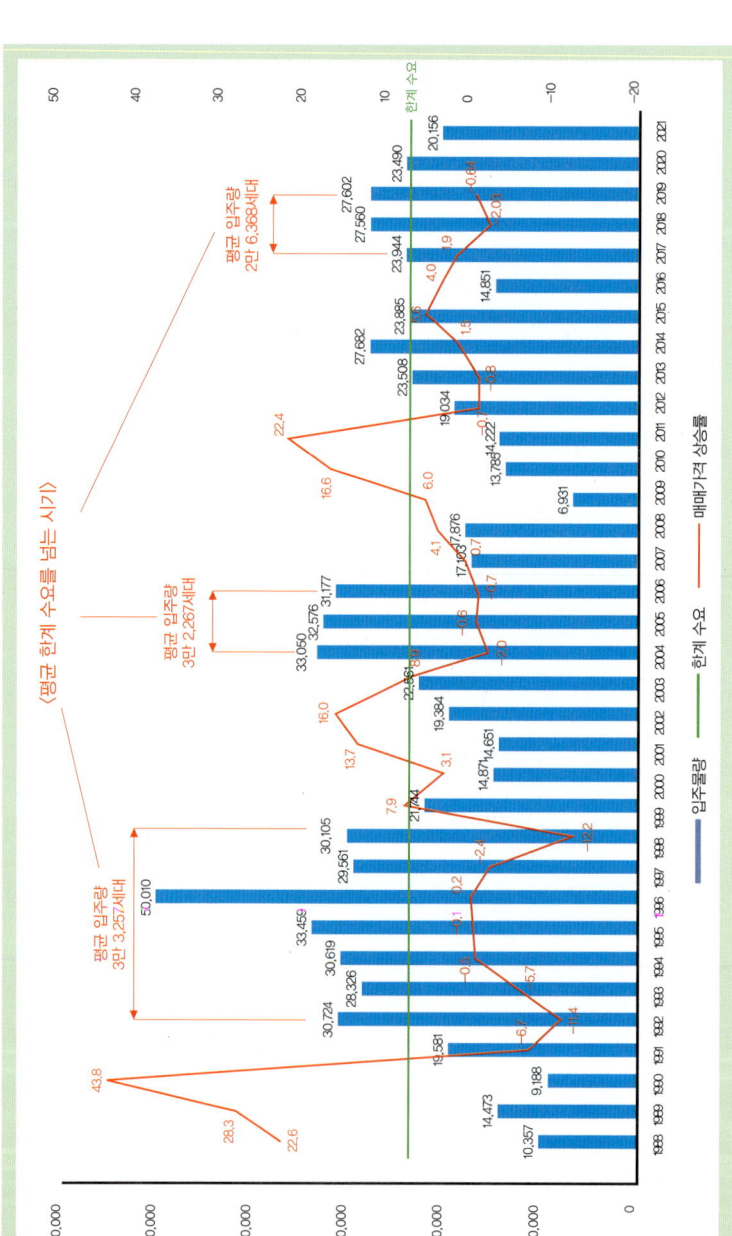

[자료 13] 입주물량과 매매가격 상승률(부산)

70 부동산 투자 인사이트

수요가 공급을 흡수할 수 있는 시간 길이의 차이는 있지만, 결국 2만 3,000세대 정도는 부산에서 소화했다는 의미다. 그래서 2만 3,000세대 정도의 공급이 한 해에 소화할 수 있는 정도의 한계 수요라고 예측해볼 수 있다. 2만 3,000세대를 한계 수요로 가정하면, 공급량이 이 한계 수요를 넘어서 공급되거나 적게 공급됐을 때의 가격 변화를 확인해볼 필요가 있다.

부산에서 상승구간을 제외하고 공급량(입주물량)으로 보면, 한계 수요인 2만 3,000세대를 훨씬 넘어선 구간인 1992년부터 1998년까지 평균 입주물량은 3만 3,257세대다. 2004년에서 2006년까지 평균 입주물량은 3만 2,267세대다.

이 두 기간 동안 매매가격이 상승하지 못하고 있는 것을 볼 수 있다. 또 2017년에서 2019년까지의 평균 입주물량은 2만 6,368세대로 상승이 제한되며, 약세장으로 가고 있는 것을 볼 수 있다. 이처럼 한 도시가 소화할 수 있는 공급량이 초과하면, 약세장으로 갈 확률이 높다. 이를 기준으로 해서 상승과 하락의 균형점을 찾고, 또 상승 변곡점과 하락변곡점도 찾아볼 수 있다. 상승과 하락변곡점은 좀 더 뒤에서 자세히 다뤄 보도록 하겠다.

수요의 변화를 읽어내라

수요를 파악하기란 그렇게 간단하지 않다. 수요에 관한 많은 용어들이 있다는 것은 그만큼 다양한 수요가 존재한다는 의미다. 수요들 중에서 많이 인용하는 수요로는 간단히만 꼽아도 자가 수요, 투자 수요, 전세 수요, 월세 수요, 대기 수요, 잠재 수요, 생애주기 수요, 신규 수요, 멸실 수요, 이동 수요 등 셀 수 없이 많다. 이들은 수시로 변하는 수요이기에 변화하는 수요량을 예측하기란 불가능하다.

그렇다면 이 변화하는 수요를 읽어내는 것은 가능한 것일까? 사람들의 생각 변화에 따라 바뀌는 수요나 소득의 증가, 경제 환경, 또는 부동산 시장의 환경 등 여러 이유에 의해서 움직이는 수요는 예측 범위에 있지 않다. 또한 그 수요를 알았다고 하더라고 문제는 언제, 어디로 움직이는지 더욱 예상하기 힘들다. 한 가지 예상해볼 수 있는 것은 상승기와 하락기에 따라 나타나는 매매가와 전세가, 전세수급, 전세가율 등 여러 통계를 통해서 간접적으로 수요의 변화를 확인할 수 있는 정도다.

앞서 한계 수요라는 이야기를 했는데, 한 도시에서 소화할 수 있는 공급량이 어느 정도는 존재한다. 만약 한계 수요 밑으로 공급된 도시가 있다면, 공급량 부족 현상은 곧바로 시장에 가격으로 나타난다. 꼭 매매가격이 아니어도 전세가격이나 다른 통계들의 변화가 시작될 것이다. 이러한 변화의 시작으로 수요의 움직임을 예상하고, 시장의 공급부족도 예상할 수 있는 것이다.

공급이 부족할 때 항상 매매가격 상승의 변화로 나타난다면 쉽게 파악되겠지만, 꼭 그런 것은 아니다. 수요와 공급의 불일치는 무엇으로든 시장에 다른 통계로 표현될 뿐이지, 꼭 매매가격 상승 한 가지라고 단정 지을 수는 없다. 공급부족이 매매가격 상승으로 나타나는 것이 아니라면, 전세가격 상승이나 미분양 감소, 또는 전세수급 증가로 나타나거나 다른 모습으로 보이는 것뿐이다.

만약 전세 관련된 통계치들이 상승했다면, 매매 수요로의 이동이 아닌 전세 수요로 이동했다는 의미로도 해석해볼 수 있다. 공급량이 적어도 수요가 적으면 가격은 상승하지 않고, 공급이 많아도 수요가 많으면 가격은 상승한다. 결국 어떻게 이동해도 공급량 안에서 자가 수요와 임대 수요, 그 이상으로는 벗어날 수가 없다는 것이 가장 중요하다. 공급이 부족한 상황에서 수요가 이동하는 쪽으로 가격에 영향을 주는 것이다. 그것이 매매가격이든, 전세가격이든, 수요에 의해서 어느 쪽으로 가격에 영향을 주고 있고, 그쪽으로 이동했다는 의미다. 한 도시의 제한된 공간에서 자가 수요와 임대 수요로 계속해서 들어오며, 나가고, 이동하면서 수요의 변화가 있는 것뿐이다.

수요의 변화를 읽어내는 것은 공급이 시장에 어느 정도의 수요와 균형점에서 움직이고 있는지를 판단하기 위함이다. 즉 상승의 변곡점을 찾기 위해 수요가 움직이며, 그 변화로 나타나는 현상들을 통해서 투자의 첫 번째 시점을 찾아가는 것이다. 만약 전세수급이 상승하면서 전세가격이 불안해지고 미분양이 줄면, 수요들은 점차 매수로 참여할 가능성이 높아진다고 읽어야 할 것이다.

상승시기를 알고 싶다면 수요 변화를 통해서 시장의 변화를 읽는 것이 기본이 되어야 할 것이다. 이 점이 변곡점을 찾아가는 첫 번째 핵심이다. 이 변곡점을 만드는 시점이 한계 수요와 만났을 때다. 다음 장에서 좀 더 자세하게 다루어 보도록 하자.

가장 중요한 것은
공급량과 한계 수요다

앞서 주택 시장의 본질에서 이야기했듯 주거라는 특수성으로 인해 여러 문제가 시작된다. 그 중간에 공급이 있다고 했다. 간단한 예로 공급이 되지 않으면서 생겨나는 전세 부족 현상, 공급이 많아서 생겨나는 미분양 증가가 그것이다. 결국 공급을 통해 필수재인 주거를 해결하지 않으면서 생기는 문제가 첫 번째 상승원인의 시작이다. 입주할 사람을 찾지 못해서 오는 주택 경기 침체나 가격 하락 또한 공급의 문제다. 이처럼 주택 시장의 문제를 서서히 만들어가는 시작점이 공급이라고 말할 수 있다.

그래서 상승도 공급, 하락도 공급부터라고 말하는 이유다. 공급만으로 시장을 해석해야 상승 시작과 하락의 끝도 설명 가능하기 때문이다. 본질인 주거를 해결하지 않으면 다른 어떤 처방도 일시적인 해결책에 불과하다.

만약 규제 정책으로 집을 사려고 했던 사람이 못 사게 되면, 매수 타이밍만 뒤로 연기한 것이지, 집을 사려는 마음은 여전히 남아 있어서 잠재 수요만 키울 뿐이다. 결국 집을 필요로 하는 사람들은 집을 산다. 그 결과가 자가 보유율이 올라가는 것이다. 거주가 해결되어야 시장이 끝나는 것은 이러한 이유 때문이다. 이 때문에 공급이 가장 중요하다.

거의 모든 통계들은 후행해서 나오는 통계이지, 선행되어 나오는 통계는 입주물량(공급) 말고는 없다. 공급이 시장의 선두에서 움직이고, 결국 그 공급으로 수요도 움직인다. 수요로 인한 가격 상승은 다시 공급을 불러오며, 불러온 공급은 다시 가격을 하락시킨다. 이렇듯 시장은 돌고 돌며 움직인다.

투자의 관점도 비슷하다. 문제 시작점의 첫 단계인 공급이 축소되어야 공급으로 만들어놓은 환경을 보고 투자자가 진입하거나, 실수요자로서 선택의 여지가 별로 없을 때 실거주자 또한 매수를 선택하게 되는 것이다.

공급이 만들어 놓은 시장의 상승환경은 결국 공급을 통해서 시장을 잠재우지 못하면 중간에 나오는 규제 정책은 큰 의미가 없다. 특히 수요와 공급이 맞지 않는 2~3년 정도의 기간은 어떠한 규제도 시장에 잘 먹히지 않는다.

하락의 시작점도 마찬가지다. 공급이 충분히 됐다면 시장에서 받아줄 수요가 점차 약해지고, 어느새 시장은 하락이나 침체로 빠져들게 된다. 충분한 공급으로 인한 시장의 침체기나 하락기에는 규제 완화 정책도 좀처럼 시장을 살리지 못하는 경우가 있다. 그래서 도시마다 필요로 하는 공급량이 어느 정도인지 파악하는 것이 첫 번째다. 하지만 적정한 수요를 찾는 것은 매우 어려운 일이고, 과공급, 과소공급의 기준점을 찾기도 매우 어렵다.

수요는 수시로 시기에 따라 변하기 때문에 한 도시에서 신규로 늘어나는 수요 정도만을 파악하고, 나머지는 한 도시가 소화할 수 있는 한계 수요 정도만 시장을 읽어 나가면 될 것이다.

	2010년	2011년	2012년	2013년	2014년	2015년	2016년	평균
전국	62,485	76,662	77,234	83,738	83,976	99,557	132,108	87,966
서울	12,571	22,626	19,527	20,721	21,955	25,271	42,579	23,607
부산	5,885	4,988	5,698	7,143	5,023	9,036	12,731	7,215
대구	3,451	3,332	3,196	3,700	3,580	5,670	5,629	4,080
인천	2,007	3,047	4,082	6,820	3,572	5,057	3,777	4,052
광주	1,524	1,265	3,531	1,497	2,340	1,347	2,879	2,055
대전	2,894	1,851	1,121	1,057	1,403	1,634	2,995	1,851
울산	1,595	1,395	1,393	1,746	1,438	2,110	2,520	1,742
세종	–	–	–	–	–	236	321	279
경기	9,184	11,828	13,025	12,689	15,183	17,645	22,242	14,542
강원	2,205	2,252	2,349	2,515	2,618	2,681	4,188	2,687
충북	2,603	2,605	2,612	2,493	2,584	2,578	2,702	2,597
충남	2,828	3,309	3,125	2,981	3,425	2,874	3,240	3,112
전북	4,041	3,807	3,090	4,082	2,381	3,395	2,896	3,385
전남	2,919	3,818	3,238	4,385	4,849	3,520	4,040	3,824
경북	3,941	4,409	4,877	5,929	5,980	6,788	7,994	5,703
경남	4,153	5,351	5,668	5,183	6,711	8,077	9,922	6,438
제주	684	779	702	797	934	1,638	1,453	998

[자료 14] 도시별 멸실 가구   출처 : KOSIS 국가통계포털

행정구역별	2010년	2015년	2016년	2017년	연평균 증감가구
전국	17,574,067	19,560,603	19,837,665	20,167,922	370,551
서울특별시	3,577,495	3,914,820	3,915,023	3,948,850	53,051
부산광역시	1,251,756	1,348,315	1,357,230	1,368,360	16,658
대구광역시	873,934	937,573	945,483	958,273	12,048
인천광역시	929,489	1,066,297	1,085,407	1,105,006	25,074
광주광역시	518,742	573,181	575,918	583,068	9,189
대전광역시	536,297	588,395	596,752	604,490	9,742
울산광역시	377,938	434,058	435,829	437,889	8,564
세종특별자치시		76,419	91,854	105,932	15,133
경기도	3,908,059	4,537,581	4,647,205	4,773,632	123,653
강원도	560,589	611,578	621,943	627,054	9,495
충청북도	564,614	613,004	630,578	643,006	11,199
충청남도	758,552	816,247	836,296	859,796	14,463
전라북도	663,695	726,572	734,037	738,801	10,729
전라남도	684,986	730,743	737,423	743,942	8,422
경상북도	1,014,345	1,078,479	1,093,211	1,105,213	12,981
경상남도	1,165,209	1,282,617	1,299,027	1,318,106	21,842
제주특별자치도	188,365	224,724	234,449	246,504	8,306

[자료 15] 도시별 가구수 증가   출처 : KOSIS 국가통계포털

　　[자료 14], [자료 15]는 2010년에서 2017년까지 가구수 증가와 멸실 가구다. 이렇게 증가하는 수요는 신규로 진입하는 주거 수요라고 할 수 있다. 새롭게 진입하는 수요를 적정 수요라고 확정 지을 수는 없다. 도시 내부의 잠재 수요가 언제 시장에 참여하는지 알 수 없기에 이를 포함하면 더더욱 적정 수요라는 것을 알 수가 없는 것이다.

도시	가구수 증가+멸실 가구	30년평균 아파트 입주물량	추정 한계 수요
서울	76,658	48,841	45,000~50,000
부산	23,873	24,151	23,000~24,000
대구	16,128	17,513	15,000~17,000
인천	29,126	19,406	19,000~20,000
광주	11,244	11,711	10,000~11,000
대전	11,593	10,168	9,500~10,500
울산	9,959	8,238	7,500~8,500
경기도	138,196	99,087	85,000~95,000
수도권	243,979	167,334	150,000~165,000

[자료 16] 한계 수요 출처 : KOSIS 국가통계포털(가구수 증가와 멸실 가구)

    2010년부터 2017년까지의 통계자료에서 보듯 가구수 증가와 멸실 가구는 [자료 16]과 같이 연평균 새롭게 시장으로 진입하는 수요라고 예측해볼 수 있다. 하지만 이 수요가 모두 매수로 참여한다고 말할 수는 없다. 이 수요는 새롭게 신규로 시장에 진입하는 수요이기 때문에 매매 시장이든, 임차 시장이든, 어느 쪽이든, 영향을 미칠 수 있는 수요다. 새롭게 진입한 신규 수요와 기존의 잠재된 수요들이 결국 시장에서 공급량과 균형점을 맞춰 갔다고 할 수 있다.

    주택 시장에 진입하는 새로운 수요의 증가와 지금까지 각 도시별 30년간 공급물량(입주물량)의 평균량이 있다. 앞서 이야기했던 한 도시의 한계 수요*는 그 도시가 30년 동안 자정 기능을 가지고 수급의 균

---

* 한계 수요 : 한 도시가 30년 동안 시장 스스로 찾아간 수요와 공급의 균형점이며, 그 도시의 특성(구조, 역할, 기능)이 모두 반영된 결과이기에 중요한 의미가 담겨 있다.

형점을 찾아간 물량이라고 할 수 있다. 이 두 가지 경우 한 해 증가하는 가구수 증가와 멸실 가구 그리고 30년 연평균 공급물량(입주물량)을 비교해보면 거의 비슷한 수준의 물량으로 귀결된다. 이를 기준으로 해서 한계 수요 근처일 가능성을 두고 파악해볼 필요가 있다.

연평균 가구수 증가와 멸실 가구를 더한 평균 수량과 30년 동안의 도시별 아파트 입주물량을 연평균으로 비교해보면, 부산, 대구, 광주, 대전은 큰 차이를 보이지 않는다. 울산이 약간 차이가 있고, 수도권은 차이가 꽤 크게 나타난다. 이 차이점은 인접한 도시의 상호 연결성이 있을수록 차이를 보이며, 또 서울, 수도권은 아파트뿐 아니라 다양한 주거 형태로 여전히 이동이 많은 지역으로 아파트만의 수급과 가격의 상관관계를 보수적으로 접근하면 된다.

증가하는 신규 수요(가구수 증가+멸실 가구)와 30년 동안 입주물량(시장에서 자율적으로 균형점을 찾아간 공급량)을 기준으로 해서 어느 정도 수준의 물량이 시장에 공급되어야 하는지 파악해봤다. 이 두 가지를 기준으로 필자는 한계 수요를 만들었으며, 이를 통해 가격의 변곡점을 증명할 수 있기 때문이다. 공급량과 한계 수요를 기준으로 가격의 변동성이 어떻게 만들어지고 움직이는지 다음 장에서 확인해보도록 하자.

*상승과 하락의 변곡점은 이렇게 만들어진다

투자자나 실수요자들이 가장 알고 싶어 하는 것이 가격 상승과 하락의 타이밍이다. 상승에서 하락으로, 하락에서 다시 상승으로 가는 변곡점은 앞서 이야기한 한계 수요에서 찾을 수 있다.

수요는 자유로운 이동이어서 공급(입주물량)이 한계 수요 밑으로 간다고 가격이 반드시 상승하는 것은 아니다. 다만 한계 수요 밑으로 공급됐을 때 상승확률은 올라가며, 누적해서 한계 수요 밑으로 공급하게 되면 더욱 상승확률은 올라가는 것이다. 그 변곡점의 임계점은 3년 정도의 누적공급량일 때 가장 높게 올라간다.

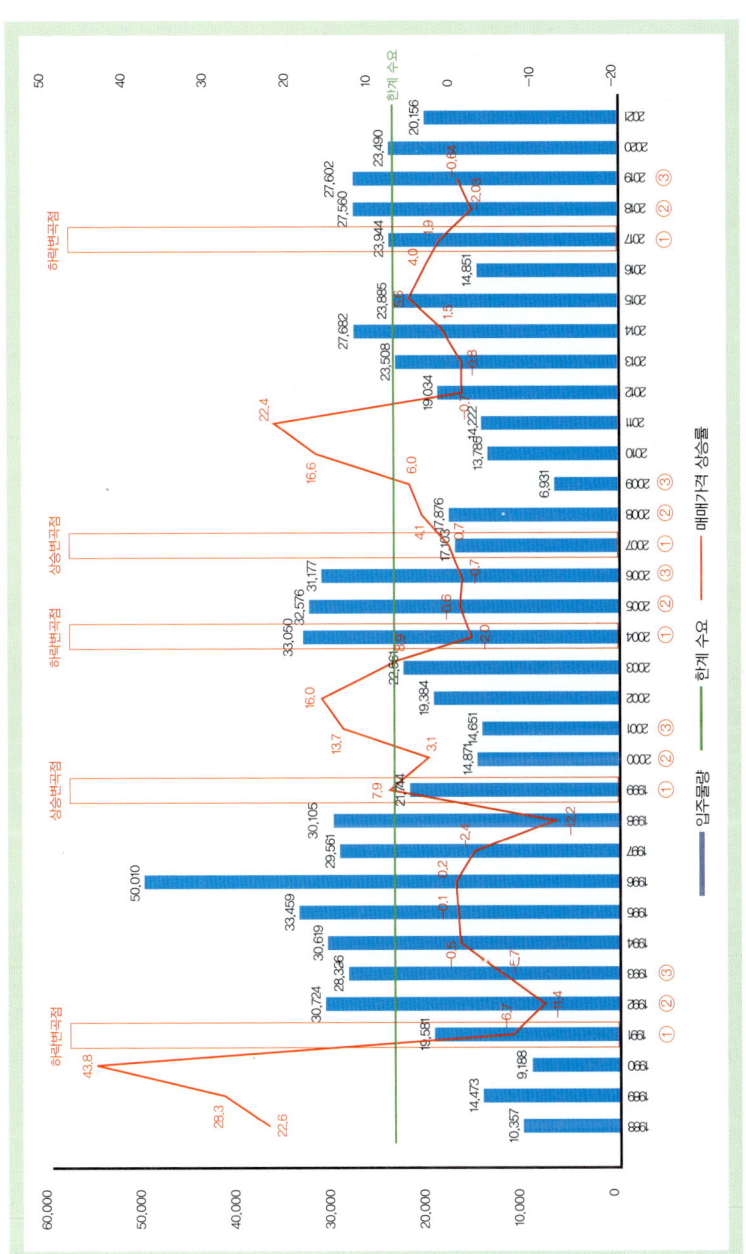

[자료 17] 입주물량과 매매가격 상승률 (부산) : 한계 수요 3년 누적공급량이 시작급점에서 변곡점이 발생한다

2장. 상승과 하락에서 보여주는 통계의 의미 83

예를 들어 부산의 경우 30여 년 동안 평균 2만 3,000세대 정도의 평균 입주물량을 보이고 있다. 즉 1986년부터 지금까지 부산이라는 공간에서 30여 년 동안 수요와 공급에 의해서 균형점을 찾아간 물량이라고 할 수 있다. 이 수요와 공급의 균형점을 기준으로 해서 한계 수요를 23,000~24,000이라고 할 때, 시장의 가격의 변동을 일으키는 변곡점의 시작점을 찾을 수 있다. 특히 3년 누적공급량이 있을 때 확연하게 변곡점을 만들어내는 것을 [자료 17]에서 알 수가 있다.

[자료 17]에서 1991년에 하락의 변곡점에서 보이는 입주물량은 1991년에는 1만 9,581세대, 1992년에는 3만 724세대, 1993년에는 2만 8,326세대다. 평균 입주물량은 2만 6,210세대로 한계 수요 이상으로 접어드는 첫해가 1991년인 것이다. 누적해서 공급된 입주물량이 한계 수요를 넘는 시작점인 1991년에 하락의 변곡점이 만들어졌다. 이때 3년 평균 입주물량은 2만 6,210세대로 한계 수요인 2만 3,000세대를 넘은 입주물량을 보이고 있다.

상승변곡점이 보인 1999년에서 2001년까지 누적공급량은 1만 7,088세대다. 한계 수요 밑으로 누적해서 입주물량이 작다. 이렇게 3년 차 누적해서 한계 수요보다 작게 입주 되는 첫해인 1999년에 강한 상승의 변곡점을 만들어내고 있는 것이다.

이후 2004년 하락의 변곡점에서는 2004년에서 2006년까지 3년 누적 평균 입주물량은 3만 2,267세대다(33,050+32,576+31,177) 한계 수요인 2만 3,000세대보다 많이 입주하는 첫해인 2004년이 하락변곡점의 첫해인 것이다.

다음 상승의 변곡점은 2007년에서 2009년까지로 3년 누적공급량의 평균은 1만 3,970세대다(17,103+17,876+6,931). 한계 수요보다 작은 첫해인 2007년에 상승 가능성이 높았으나 2008년 금융위기 변수로 인해 강한 상승의 반등은 2009년에 일어난다.

그리고 마지막 하락의 변곡점은 2017년에서 2019년 현재까지다. 3년 누적공급량이 평균 2만 6,368세대(23,944+27,560+27,602)로 한계 수요를 넘었다. 평균 한계 수요를 넘은 2017년에 하락의 변곡 시점이 만들어졌다.

부산을 예로 보면 한계 수요를 기준점으로 3년 누적해서 입주하는 평균 물량이 많을 때와 작을 때, 그 3년의 첫해가 가장 변곡 시점일 가능성이 높은 것을 알 수 있다.

변곡점은 투자에 있어 아주 중요한 매수, 매도타이밍이기 때문에 예를 하나 더 들어 보자. 대구의 경우 1만 7,000세대 내외가 한계 수요다. 이를 기준으로 변곡점이 어떻게 변했는지 [자료 18]을 통해 알아보자.

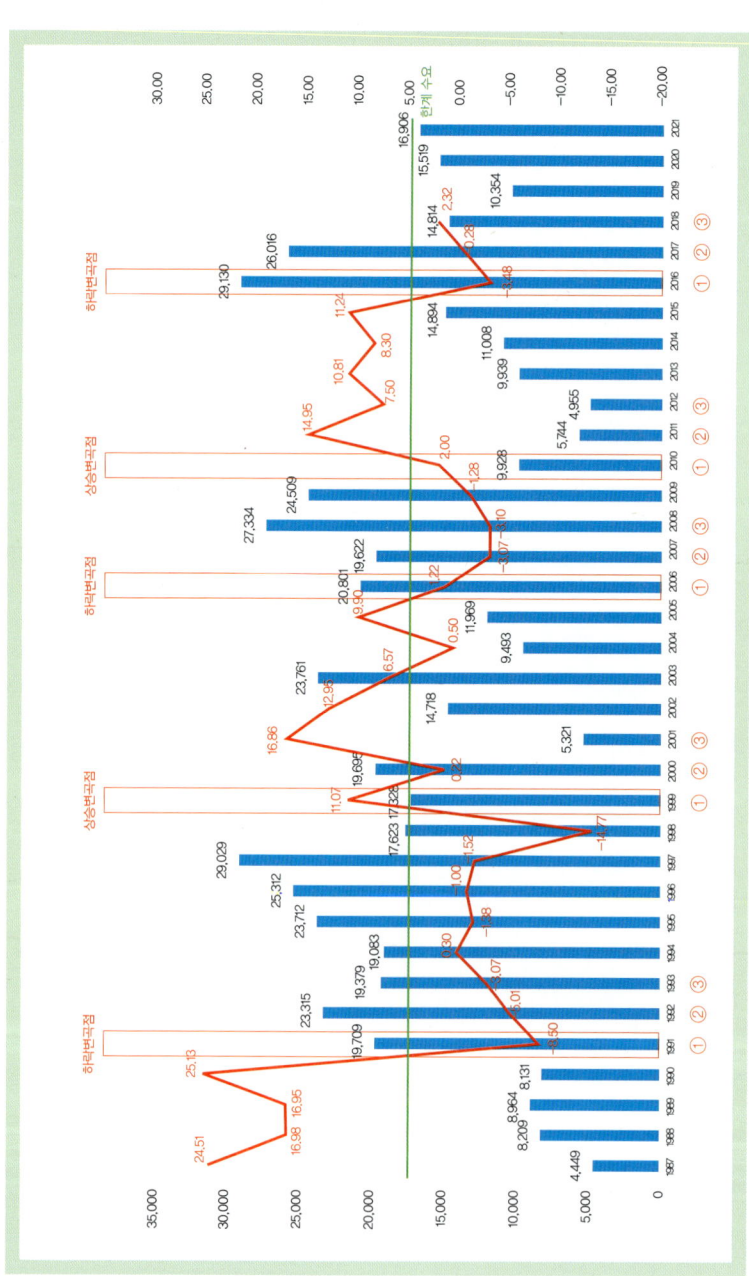

[자료 18] 입주물량과 매매가격 상승률(대가): 한계수요 3년 하 누적공급량의 시작점에서 변곡점이 발생한다

86 부동산 투자 인사이트

첫 번째 변곡점은 1991년 하락의 변곡점이다. 이 시점에 1991년부터 1993년까지 평균 입주물량은 2만 801세대다. 한계 수요가 넘은 첫해인 1991년에 하락의 변곡점이 생겼다. 1999년에서 2001년까지 평균 입주물량은 1만 4,114세대로 한계 수요보다 아래의 입주물량을 보이고 있다. 한계 수요보다 적게 공급된 첫해인 1999년에 상승의 변곡점이 발생했다.

2006년에서 2008년까지 평균 입주물량은 2만 2,585세대로 한계 수요보다 많은 입주물량으로 인해 그 첫해인 2006년에 하락의 변곡점이 발생했다. 그리고 2010년부터 2012년까지 평균 입주물량은 6,875세대로 한계 수요보다 적은 입주물량으로 그 첫해인 2010년에 상승의 변곡점이 발생했고, 이후 2016년부터 2018년까지 평균 입주물량이 다시 2만 3,320세대로 증가해 하락의 변곡점이 발생했다.

이와 같이 부산과 대구의 예로 들어 보았듯 외부의 큰 변수를 제외하고도 누적해서 공급량의 영향을 받는 것을 알 수 있다. 다시 말하면 신규로 들어오는 수요들이 공급으로 흡수되지 못해서 3년 연속 공급이 작아지면, 큰 압력으로 작용해 상승변곡점을 만드는 것이다. 반대로 충분한 공급이 3년 연속 됐을 때는 시장의 에너지를 모두 흡수해 하락의 변곡점이 만들어진다. 이 변곡점을 상승타이밍 때로는 매수타이밍이라고 하며, 반대의 경우 하락의 시작점이라고 하며 매도타이밍이라고 할 수 있다.

수요, 공급이 가격 움직임과 잘 맞는 도시, 잘 맞지 않는 도시

공급(입주물량)은 주택 시장에서 수요와 공급으로 가격을 예측하는 데 있어 거의 유일하게 사용할 수 있는 통계자료다. 이는 어떤 이유에서든 미래를 예측할 수 있는 것이 제한적이고, 유일하게 미래에 확정되어 있는 것이 입주물량이기 때문이다.

앞 장에서 한계 수요와 공급으로 변곡점을 이야기했지만, 모든 도시가 수요와 공급이 잘 맞는 것은 아니다. 도시마다 잘 맞는 이유가 있고, 맞지 않는 데는 당연히 다른 이유가 있다. 이는 도시의 구조적인 문제, 한 도시가 가지고 있는 역할, 내부에 거주하는 사람들의 특성, 도시와 도시의 연결성 등 여러 가지 이유 때문이다.

서울 수도권과 지방 광역시 중에는 광역시가 더 수급이 일치하는 경우가 많다. 도시의 기능상 중심 역할을 하고, 주위에 있는 위성도시와 거리상 독립되어 있을수록 수급이 잘 맞는다. 확률적으로 그 도시에 거주하는 사람들의 선택 폭이 도시 안에서 이뤄지도록 제한되어 있기 때문이다.

예를 들어 경주에서 아무리 공급을 많이 해도 대구에 영향을 줄 수는 없다. 대구에 공급이 부족하다고 경주로 이동하지는 않기 때문이다. 하지만 대구와 연결되어 있는 경산시의 경우는 다르다. 경산은 대구 지하철 2호선으로 연결되어 있고, 수성구에 인접한 위치라 서로 영향을 주고받게 된다. 대구는 경산 외 다른 지역들의 영향을 거의 받지 않을 정도로 독립적이다. 또 대구라는 도시 기능은 경북지역에서 소비 중심역할을 하고 있다. 이 중심점은 다른 의미로 매수와 매도의 결정에도 선두에 있다. 대구와 경산에 두 개의 물건이 있다면, 대구 물건이 중심에 있다는 뜻이다. 그래서 경산의 수급보다 대구의 수급이 더 잘 맞는다.

부산은 대구보다는 수급이 맞는 확률이 조금 떨어진다. 부산은 지하철 2호선으로 경남 양산과 연결되고, 김해는 부산 김해 경전철로 연결되어 있다. 또 부산은 지하철 4호선까지 연결되어 있고, 부산 김해 경전철, 동해선까지 외곽의 연결성이 대구보다 높은 편이다. 이처럼 도시와 도시가 연결성이 높고, 독립성이 떨어질수록 한 도시의 수급으로 파악하기 힘들어진다.

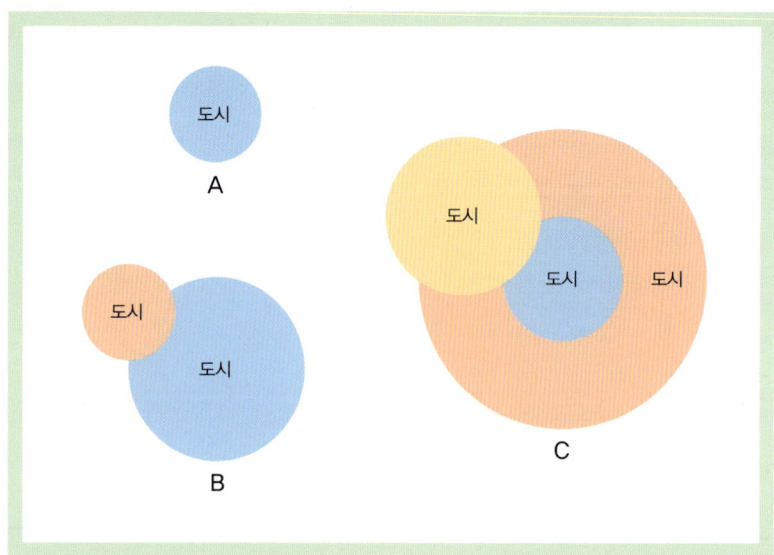

[자료 19] 그림에서 A와 같이 외부 영향 없이 독립적인 도시가 수급에 의한 상승이 잘 맞고, C와 같이 위성도시가 많을수록 수급과 가격이 잘 맞지 않는 도시다. 지금의 광역시는 대부분 B의 형태이며, C형태는 전형적인 서울 수도권의 모습이다

대전*, 광주도 독립성이 강하기 때문에 수급이 어느 정도 맞는 도시들이다. 울산은 부산의 영향권에 일정 부분 있는 도시다.

서울 수도권은 대표적으로 수급이 잘 맞지 않는 도시이고, 수급보다 후행해서 가격이 움직이는 도시다. 과거의 가격 상승자료를 보면 오히려 공급이 많을 때 가격이 상승하고, 공급이 적을 때 반대로 하락하거나 침체해 있는 경우가 많았다. 수급이 잘 맞지 않는 가장 큰 이유는 서울과 경기권역 그리고 인천까지 연결된 교통망이 가장 큰 이

* 대전은 2012년 세종시가 들어오기 전까지 수급과 가격의 상관관계가 가장 높은 도시였다. 2012년 이후에는 세종시의 입주물량과 연계해서 분석해야 된다.

유다. 특히 지하철과 도시철도의 연결은 선택의 폭을 넓게 하기 때문에 굳이 서울 안에서 선택할 이유가 없어지게 된다. 만약에 가격이 비싸다고 느낀다면 교통망을 이용해 어디든 옮겨 갈 수 있는 여건이 되기 때문이다. 사람들의 선택 폭이 넓은 서울 수도권은 전체 공급량으로도 보고, 또 서울·경기·인천 각각의 공급량을 봐야 한다.

인천의 경우도 잘 맞지 않는 도시다. 이는 서울과 경기권으로 이동이 자유롭고, 서울의 위성도시 역할을 어느 정도 하고 있기 때문이다. 수급으로 3년간 단기로 시장을 전망할 수 있는 곳은 지방 광역시 정도다. 지방에서 보이는 통상적인 수급과 가격 상승 하락 패턴과 반대로 수도권 시장은 평균 공급량이 많을 때 상승하고, 작을 때 오히려 하락하는 시장이다. 그래서 수도권 시장은 누적공급량으로 시장을 파악하거나 긴 시간 동안 공급된 양을 보는 방법이 합리적이다.

인구수와 가구수
어느 것이 더 중요한가?

　인구수 감소의 비관론과 새로운 수요 증가에 따른 상승론은 부동산을 조금만 공부한 사람이라면 대부분 아는 내용이다. 이러한 이유로 인구가 늘고 있는 지역에 투자하라고 조언하는 경우가 대부분이다. 물론 틀린 말은 아니다. 하지만 꼭 인구 증가만이 투자의 정답일 수는 없다. 세종시와 같이 인구가 늘고 가격도 상승하는 도시도 있지만, 서울, 부산, 대구 같이 인구가 줄면서도 가격 상승률이 어느 도시보다 높은 곳들도 있다. 시기의 문제일 뿐 어느 도시 할 것 없이 가격은 올라갈 수 있는 환경만 되면 상승을 한다.
　부동산에서 말하는 인구수의 의미는 단순히 한 도시의 인구가 늘었다, 줄었다 하는 요소만 이야기하는 것이 아니다. 한 도시 속에서 어떤 의미를 가지고 있는지를 말하려는 것이다. 누구나 알고 있는 내용이지만 우리는 이를 너무 간과하고 있는지도 모른다.

1,000만 명이 거주하는 서울, 350만 명이 사는 부산, 250만 명이 주거하는 대구 중에서 부자는 당연히 1,000만 도시인 서울이 가장 많을 것이다. 확률적으로도 부자가 나올 가능성이 높다. 또한 많은 인구를 대상으로 사업을 할 수 있고, 인구 1,000만 명을 돌보는 여러 전문 직업들의 수도 많다. 예를 들어 공기업이나 공무원 같은 안정적인 소득이 뒷받침되는 사람들도 서울에 훨씬 많이 거주한다. 서울과 부산에 근무하는 의사수를 보더라도 당연히 서울이 많다.

이들 고소득층들이 소비하는 또 다른 서비스들이 파생되어 생겨나고, 여기서 또 다른 부자들이 생기게 되는 것이다. 그에 맞게 소비와 주거, 교육 등이 생겨나는 것 또한 인구가 많은 도시들의 특징이다. 인구수가 많은 도시일수록 고도로 분업화되고 전문성을 갖추게 되는 직업들이 늘어난다. 소비할 수 있는 공간과 주거를 할 수 있는 공간들이 끊임없이 필요하게 되면서 부동산에 영향을 미친다.

그럼 가구란 어떤 의미가 있을까? 가구란 '주거와 가계를 같이하는 집단'을 말한다. 이 집단의 수를 '가구수'라고 한다. 흔히 말하는 '1인 가구, 2인 가구'라는 표현으로 이해하면 될 것이다.

인구수는 그 규모 자체에 큰 의미가 있으며 가구수 증가와는 내용면에서 조금 차이가 있다. 어린아이가 태어나도 인구는 증가한다. 그렇기에 어떤 인구가 증가하는지가 더 중요하다고 할 수 있을 것이다.

그렇지만 가구수 증가는 새로운 주택 수요의 증가라는 데 큰 의미가 있다. 그래서 새롭게 생겨나는 독립된 하나의 가구는 수요와도 같다. 정부에서 예측하는 우리나라 주택 수요도 가구수 증가와 멸실 가구를 기초로 하는 경우가 많다. 또 주택보급률은 주택수를 가구수로 나눈 것에 100을 곱한 것이다.

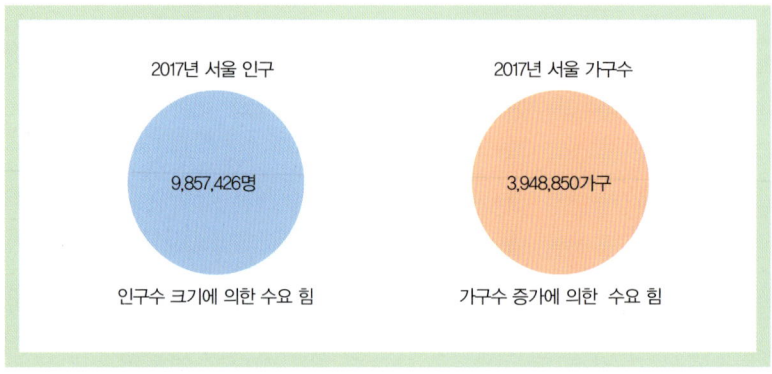

[자료 20] 인구수와 가구수 어느 것이 더 중요한가?

이렇게 독립된 가구로 가구수가 분화되는 시기는 최소 단위의 주택이 필요한 시기다. 이때부터 주거에 대한 관심이 증가하기 때문이다. 성인이 되고 독립을 하거나 새로운 가정을 꾸리게 되면, 평생에 한 번은 주거 문제에 직면하게 된다. 새로운 가정은 새로운 수요로 시장에 참여하게 되고, 직장, 학교, 자녀 등을 이유로 부동산과 관련된 행동을 하게 된다.

그래서 수요와 공급의 장기적인 측면에서 본다면 수요는 결국 인구수와 가구수 그리고 소득에 영향을 받는다. 인구는 도시화 속에 살아가는 사람들의 경제 주체이자 인적자원으로 도시의 규모라고 할 수 있다. 이들이 분화되어 만든 가구와 소득이 부동산 시장에서 수요자로서 역할을 하고 있다. 따라서 인구수와 가구수 중에 어느 쪽이 더 중요한 것이 아니라, 인구수와 가구수가 부동산에서 어떤 의미가 있는지를 생각해보는 것이 더 중요하다.

주택 거래량은
가격과 함께 어떻게 움직일까?

주택 거래량과 가격에 대해서 가장 많이 인용하는 것이 벌집 순환모형이다. 벌집 순환모형은 거래량의 결과가 반영된 것이지, 우리가 순환모형을 이용해서 예측하며 투자할 수 있는 것은 아니다. 거래량은 즉각적으로 시장에 반영되어서 제공되는 정보가 아니기 때문이다. 최소한 60일 정도 지나서야 확인되며, 알 수 있는 정보다. 최근에 거래 집계 기준을 신고일에서 계약일 기준으로 변경하고 있는 것도 현장 분위기를 더 빨리 반영하기 위함이다. 그래서 거래량보다는 가격이 훨씬 빨리 움직인다고 할 수 있다.

외부 환경의 변화가 클수록 부동산 시장에서의 거래량 예측은 힘들다. 정부 정책의 변화에 따라 거래량의 증감이 크게 변화하기 때문이다. 임대사업자 등록에 관한 시행을 앞두고 크게 거래량이 증가하거나, 보유세 인상으로 거래량이 감소하는 경우가 하나의 예일 것이다.

한 도시의 부동산 시장 흐름을 지나는 과정 중에는 벌집 순환모형처럼 단순하게 움직이지 않을 때가 더 많다. 실제로 파악해보면 어디에서 순환하고 있는지 잘 파악이 되지 않는 것이다. 따라서 거래량보다 더 빨리 시장 참여자에게 전달되는 가격 변화가 오히려 거래량에 영향을 더 주게 된다.

그 예로 가격 변화에 민감하게 움직이는 투자자에 따라 수시로 거래량이 변하는 것을 들 수 있다. 투자자는 정책에 따라 수시로 변화하는 수요이기에 거래량은 결국 결과로써 보는 통계라고 할 수 있다. 이러한 거래량은 가격에 직접적인 영향을 주는 경우와 그렇지 않은 경우도 있을 것이다.

시장 참여자는 60일 뒤에 나오는 거래량보다 가격의 움직임이 훨씬 빠르기 때문에 가격을 정보로 활용할 가능성이 많다. 그래서 단기적인 1~2개월 정도의 짧은 기간에서 변동하는 거래량과 가격의 관계는 거래량이 늘어서 가격이 올랐다고 하는 것보다 가격 상승이 오히려 거래량을 늘렸다고 하는 것이 더 설득력 있다. 시장 참여자가 가격 상승으로 인해 거래를 할 가능성이 더 많기 때문이다. 따라서 가격과 거래량의 증가 및 하락에 대한 일반적인 논리에 얽매일 필요는 없다. 시기에 따라 거래량은 줄기도 하고, 늘기고 하고, 가격은 상황에 따라 변하기 때문이다.

거래량과 가격이 정직하게 움직이지 않는 경우는 매우 많다. 특히 정부 정책에 의해서 매물이 줄고 거래량도 줄면서 가격이 상승하거나, 상승한 가격으로 인해 매도물건이 줄어들면서 다시 가격이 상승하는 경우 등 여러 형태의 상황이 시장에 늘 있기 마련이다.

하지만 거래량과 가격과의 상관관계가 시장을 파악하는 데 전혀 의미 없는 것은 아니다. 다만 시장에서 거래량과 가격의 움직임을 유기적으로 파악해야 되는 것은 투자자의 몫이다. 벌집 순환 공식처럼 똑같이 움직이는 시장은 거의 찾아볼 수 없을 만큼 시장이 다양하기 때문이다.

가격과 거래량이 가장 의미 있는 시기는 하락 이후에 첫 번째 거래량이 늘어나는 시점에서 한 해 동안 꾸준히 증가한 거래량이다. 상승기를 지나 하락구간으로 접어들고, 다음 상승기에 들어가는 시기라고 생각해보자. 하락구간에서는 시장에 저가매물들이 상당히 많이 나와 있다. 이 시기에 나와 있는 매물들이 소화되며, 거래가 늘어났다는 것은 저가매물들이 많이 팔렸다는 것이다. 이후 시장에 나올 매물들은 주변 시세로 나오게 된다. 즉 시장 반등의 시초이자 첫 번째 하락기 이후에 나오는 지속된 거래량의 증가는 큰 의미가 있다. 이렇게 지속적으로 증가한 거래량은 1년을 기준으로 보면 확연하게 하락기 거래량과 비교된다. 지난 2006년부터 각 도시별 매매거래량을 중심으로 예를 들어 보자.

	2006	2007	2008	2009	2010	2011	2012	2013	2014	2015	2016	2017	평균
서울	141,812	65,817	63,347	79,042	46,672	63,622	44,771	68,702	91,696	131,413	122,606	107,897	85,616
부산	37,728	41,638	48,959	57,646	65,146	55,356	34,187	45,371	57,270	71,126	61,377	42,468	51,523
대구	25,243	23,130	25,313	34,355	33,777	51,434	40,340	40,986	37,270	37,774	21,732	33,480	33,736
인천	47,918	44,544	40,132	28,170	24,199	27,090	23,900	36,177	46,005	53,738	46,920	39,849	38,220
광주	31,441	27,195	26,969	33,373	31,675	34,292	23,887	24,944	28,466	30,116	23,360	24,887	28,283
대전	16,167	15,522	20,741	26,263	26,221	26,686	16,108	21,903	22,336	22,670	23,899	21,512	21,669
울산	19,281	14,903	14,250	16,061	21,464	27,081	21,395	19,040	24,656	23,650	15,364	13,087	19,186

[자료 21] 각 도시별 아파트 매매거래량(2006년~2017년) 출처 : 한국 감정원

[자료 21]은 2006년부터 2017년까지 각 도시의 아파트 매매거래량이다. 지역별로 보면 하락기 이후 첫 번째로 거래량이 증가하는 해가 있다. 이렇게 늘어난 거래량은 하락기에서 상승장으로 전환되는 신호일 가능성이 많은 해다.

서울은 2006년부터 2017년까지 평균거래량은 8만 5,616이다. 2014년에 거래량은 9만 1,696으로 평균거래량보다 +7.1% 증가했고, 다음 해인 2015년에는 +53.5% 거래량이 증가했다. 부산은 평균거래량은 5만 1,523이다. 2009년에 거래량은 5만 7,646건으로 평균거래량보다 +11.9% 증가했다. 인천의 평균거래량은 3만 8,220이다. 2014년에 4만 6,005건 거래로 평균거래량보다 +20.4% 증가했다. 대구는 평균거래량이 3만 3,736이고, 2011년에 들어서 5만 1,434건 거래로 평균거래량보다 +52.4% 증가했다. 광주의 평균거래량은 2만 8,283이다. 2009년에 3만 3,373건이 거래되어 평균거래량보다 +17.6% 증가

했다. 울산의 평균거래량은 19,186으로 2010년에 2만 1,464건 거래되어 평균거래량보다 +11.9% 증가했다. 대전의 평균거래량은 2만 1,699로 2009년에 2만 6,263건 거래되어 +21.2% 증가했다.

이렇게 증가한 거래량 다음에 상승된 가격에 의해 거래가 시작되며, 본격적으로 상승장으로 들어가게 된다고 볼 수 있다. 이는 수급에 의한 실수요자의 선택일 수도 있고, 투자자의 선택일 수도 있지만, 결과적으로는 저가매물들이 많이 팔려 나가는 시기인 것이다. 그래서 서울은 2014년, 부산 2009년, 대구 2011년, 인천 2014년, 광주와 대전은 2009년, 울산은 2010년 정도로 가격 상승 시작을 예상할 수가 있는 것이다. 이 시기에 누적된 한계 수요와 그해 입주물량과 함께 보면 더 정확하게 보일 것이다.

대구를 예로 들면, 2006년 시작된 과공급으로 침체구간에 접어들어 2010년까지는 시장이 매우 좋지 않았다. 그러다가 시장이 변화되기 시작한 시기인 2011년은 평균 매매거래량보다 +52.4%(51,434 +52.4%(2011년 거래량)×100 / 33,736(평균거래량)=152.4%) 증가했다. 2011년에 증가한 거래량을 통해 저가매물들이 거래됐다고 유추해볼 수 있다. 그런 뒤에는 본격적으로 정상적인 가격대의 매물들이 나오거나, 시장에 상승한 시세가 나오는 시기로 들어가게 된다. 가격을 올린 매물들이 나오고, 이렇게 상승된 가격으로 거래가 되면서 가격 상승이 본격적으로 시작되는 것이다.

[자료 22]에서 보듯 2011년에 폭발적으로 늘어난 거래량 이후의 거래량은 평균보다 높은 선에서 2015년까지 유지하게 된다. 여기서 2012년부터 2015년까지는 거래량의 변화로 일정한 패턴을 찾는 것보다는, 상승한 후에도 계속 상승장을 유지할 수 있는 공급량의 추이와 수요가 더 중요하다고 할 수 있다. 상승장 안으로 들어간 도시의 거래량은 여러 변수로 거래량을 증감시키고, 이에 따라 가격에 영향을 주기 때문이다.

거래량과 가격의 상관관계가 가장 높은 시기는 상승기 초반으로, 거래량과 동반된 가격 상승이 한 도시의 가격 상승에서 시발점 역할을 하게 된다. 상승 이후에는 상승하는 가격을 보고 시장 참여자의 생각이 반영되고, 매도자에서 매수자로, 매수자에서 매도자로 바뀌면서 거래량은 늘기도, 줄기도 한다. 그래서 거래량은 하락기 이후에 나오는 첫 번째 거래량 증가가 가장 중요하며, 이후에 가격이 움직일 가능성이 가장 높다.

상승장 안에서 변화되는 거래량에 대해서는 큰 의미를 둘 필요가 없다. 한편 마지막 과공급과 만났을 때 줄어드는 거래량은 의미 있는 거래량이니 눈여겨보도록 하자.

다시 정리하면 거래량을 선행 지표로 사용할 수 있는 것은 단 한 번뿐이다. 침체기에 있는 도시의 공급부족으로 인한 첫 번째 매매거래량 증가는 선행 지표라고 할 수 있다. 이후 가격이 상승하고 난 후에는 수요가 공급자가 되기도 하며, 시장에 따라 매물 감소의 영향으로 거래량의 의미는 축소된다고 봐야 한다.

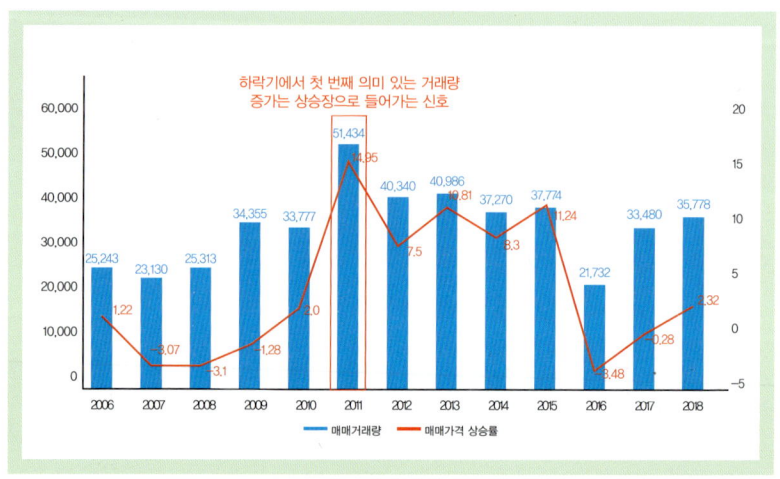

[자료 22] 아파트 매매거래량과 매매가격 상승률(대구)   출처 : 한국감정원, KB 부동산

[자료 23] 평균거래량 대비 증감율과 매매가격 상승률(대구)   출처 : 한국감정원, KB 부동산

부동산 심리지수는
가격의 선행지수인가?

　부동산 투자에서 '심리'는 빼놓을 수 없는 중요한 부분이다. 그런데 과연 '사람들의 심리까지 예측한다는 것이 가능할까?'라고 생각해 볼 수 있다. 일반적으로 심리가 가격 상승이나 하락에 많은 부분 영향을 준다는 것은 누구나 인정한다. 그렇지만 심리가 실제 시장에 어떻게 작동되고, 심리가 어떤 식으로 변해 시장에 영향을 주는지를 파악하기란 매우 어렵다.

　요즘 같은 정보화 시대에는 수많은 정보들이 시장에 넘쳐나고, 이러한 정보들은 빠른 시간 내에 SNS나 다른 매체를 통해서 많은 사람들에게 전달되고 있다. 이렇게 많은 정보의 빠른 전달 속도만큼이나 시장의 반응속도 또한 매우 빠르다. 그래서 시장 참여자의 생각도 매우 빠르게 바뀔 수도 있다.

특히 정부 정책들이 발표될 때마다 시장 참여자는 수시로 선택에 혼란을 겪거나, 매수와 매도를 결정함에 있어 갈등을 하게 되며, 이러한 심리들이 시장에 고스란히 반영된다. 또 사람들의 심리는 정부의 규제 정책이 나올 때마다 매수에서 매도로 바뀌기도 하고, 매도에서 매수로 바뀌기도 한다. 이렇게 시장 참여자도 상황에 따라 수시로 매수자와 매도자가 바뀌는데, 부동산 시장 같이 복잡한 구조에서 가격보다 선행해서 심리가 움직이는 것이 맞는지에 대한 의문이 늘 있다.

[자료 24]는 국토연구원에서 매달 발표되는 부동산 소비심리지수다. 2018년 한 해를 보면 서울의 1월 경우 129.2까지 올랐던 심리지수가 4월 들어서 108.8까지 떨어졌다. 8·2 대책 이후 2018년 4월까지는 다주택자가 선택에서 갈등을 하던 시기였다. 이후 다시 심리지수가 다시 올라가는 것을 볼 수가 있다. 이처럼 부동산 소비심리지수는 현재 선택에 있어서 결정 시 심리상태를 반영해 나오는 통계일 가능성이 높다. 미래의 심리지수가 어떻게 변하며, 시장의 참여자가 어떤 행동을 할지는 결국 투자자가 풀어야 할 숙제인 것이다.

앞에서 이야기했듯 부동산은 주거와 자산이라는 특성을 동시에 가지고 있는데, 이는 심리와 아주 밀접한 연관이 있어서 장기적인 관점에서 심리를 파악하는 것이 바람직하다. 단기적인 외부 정책에 의한 일시적인 심리변화는 예측 범위에 있지 않기 때문이다.

지역	2017년					2018년							
	8월	9월	10월	11월	12월	1월	2월	3월	4월	5월	6월	7월	8월
전국	113.2	111.5	110.9	107.3	102.8	109.9	111.0	106.6	100.3	99.1	96.6	98.6	107.6
수도권	117.4	115.1	113.9	110.8	106.3	116.1	116.8	110.4	103.2	102.8	99.3	102.8	115.9
서울	117.8	118.9	121.4	122.1	116.6	129.2	128.5	117.6	108.8	111.1	106.8	113.4	129.7
인천	117.0	114.8	110.4	104.6	103.1	106.3	110.2	101.8	97.6	98.4	96.4	96.8	104.0
경기	117.3	112.9	110.4	105.7	101.1	110.8	111.5	108.2	101.2	98.9	95.6	98.1	110.5
비수도권	108.6	107.0	106.9	102.6	98.0	101.7	103.4	101.6	96.7	94.5	92.9	92.9	96.6
부산	111.9	103.7	105.8	101.2	93.7	98.5	101.4	97.1	93.0	88.9	86.4	88.0	91.5
대구	116.8	113.7	115.0	111.7	102.1	108.3	110.6	111.6	106.4	106.2	106.3	105.0	115.0
광주	117.4	117.2	118.7	116.1	111.2	120.4	121.2	115.4	115.1	114.7	115.3	118.8	120.6
대전	115.1	117.0	115.9	114.3	105.9	113.9	112.3	111.9	107.5	106.5	98.7	103.2	106.2
울산	95.9	91.6	89.2	84.0	80.1	113.9	112.3	111.9	107.5	106.5	98.8	103.2	106.2
강원	122.0	116.2	112.9	106.8	106.6	112.7	112.9	104.1	94.3	88.0	87.3	85.9	88.9
충북	105.2	105.6	105.4	101.5	102.9	99.1	101.7	100.8	92.5	93.8	97.3	94.3	93.6
충남	102.4	107.0	105.5	101.5	100.8	101.1	102.2	100.1	98.2	90.5	93.0	93.1	971
전북	116.3	117.4	114.0	109.4	102.5	106.0	107.1	101.1	94.3	96.3	93.0	93.7	94.3
전남	125.4	124.8	126.7	120.3	115.9	122.7	122.7	119.5	1115.8	117.2	107.9	110.8	114.9
경북	90.1	99.3	94.7	92.0	93.0	90.5	89.8	89.4	86.6	83.9	80.1	78.3	82.1
경남	91.0	90.2	92.9	83.6	82.8	84.5	88.2	92.1	88.5	82.8	83.7	81.5	85.8

주) 1. 전국은 수도권 및 지방 광역시, 규모가 큰 지방 도시 등 150개 시군구를 포함
    2. 수도권은 서울, 인천, 경기지역을 포함하며, 인천광역시의 경우 섬으로 이뤄진 옹진군은 제외
    3. 강원, 충북, 충남, 전북, 진남, 경북, 경남지역의 경우, 인구 25만 명 이상, 일반 가구 9만 5,000명 이상인 지방 도시, 지방 혁신도시 등을 포함

[자료 24] 주요 지역별 주택 시장 소비심리지수　　　　　　　　　　　　　　　출처 : 국토연구원

주택에 대해 사람들이 기본적으로 바라는 것은 좋은 주거 환경이다. 또한 가격 상승으로 인한 자산 증식과 이를 지키려는 생각이 마음속 깊이 자리 잡고 있다. 이러한 사람들의 기본 심리로 접근해보면 하락기에는 매수세가 상대적으로 작은 것이 당연하다. 자산효과

와 자산을 지켜야 하는 생각이 반영된 결과이기 때문이다. 만약 자산 효과가 지속적으로 일어난다면, 잠시의 정책 변화는 일시적인 심리변화에 불과한 것이다. 결국 가격 상승이라는 조건이나 환경이 유지되면, 단기적인 심리변화는 있어도 장기적으로는 매수세에 참가하게 된다.

만약 실거주자여서 집을 매수하려고 마음먹고 있다면, 이 사람은 언젠가는 집을 매수할 수요자다. 즉 상승장이 유지될 수 있는 조건이나 환경이 길수록, 실수요자들이 더 많이 시장에 참여해서 자산효과를 누리려고 할 가능성이 크다. 결국 사람들의 마음이 바뀌어서 매수세로 참여하는 확률보다는, 가격이 상승했기에 생각과 마음이 바뀌어 매수로 행동하는 경우가 훨씬 더 많다. 각자 본인의 경우를 돌이켜 봐도 내 마음이 바뀌어서 매수자가 됐는지, 가격 상승을 인지했기 때문에 매수자로 바뀌었는지가 생각해보면 명확해질 것이다. 이를 다시 정리하면 가격 상승은 심리의 변화를 일으키고, 심리변화는 다시 가격을 더 높게 상승시킨다.

만약 가격 상승이 먼저라면 가격을 상승시키는 환경이 먼저 되어야 하고, 그 환경이 변하지 않으면 가격 상승은 유지된다. 상승세가 꺾이지 않으면 심리적으로 단기적인 출렁임은 있을 수 있어도, 장기적으로는 꾸준한 매수세가 유지될 것이다. 결국 상승에 대한 심리변화는 가격이 만들어내고, 하락의 심리변화는 공급으로 인한 한계 수요를 만나서 시장도 죽고, 심리도 죽게 된다.

이렇게 보면 가격이 상승해 상승장에서 얼마나 유지되는지와 전체 큰 흐름을 읽으면, 그 흐름이 심리지수와 일정하게 같이 가는 것을 알 수 있다. 그 예로 하락기에 있는 도시의 경우는 매수심리를 돌리는 것이 매우 어렵다. 오랜 기간 하락기를 겪을수록 매수심리는 불안감으로 팽배해 있기에 매수세가 약할 수밖에 없다.

하락기에서 상승기로 가는 변화의 첫 번째 조건에서 필요한 심리변화의 촉진제는 투자자가 매수하면서 생겨나는 거래 후 가격 상승이 불씨가 된다. 또는 정부의 완화된 정책으로 인한 수요 촉진으로도 시작할 수 있다. 투자자의 진입이나 정부 정책으로 불씨가 붙은 가격은 실수요자들의 심리변화에 큰 영향을 준다. 이후 서서히 가격의 상승이 눈에 들어온 실거주자도 시장에 참여하게 만든다.

가격 상승은 시장에 충분히 공급이 되어 있지 않은 상태여야 하며, 실수요자가 다른 선택의 여지를 남겨 두지 않아야 그 불씨가 꺼지지 않게 된다. 그래서 공급이 많은 지역은 좀처럼 심리를 개선하기 어렵고, 공급이 없는 지역은 여간해서는 살아 있는 심리를 잠재우기 힘들다. 결국 심리도 가격 상승이라는 큰 흐름을 먼저 읽어야 되며, 상승의 알고리즘을 알아야 심리변화를 먼저 읽을 수 있다. 결국 심리도 가격에 따라 같이 움직이기 때문이다.

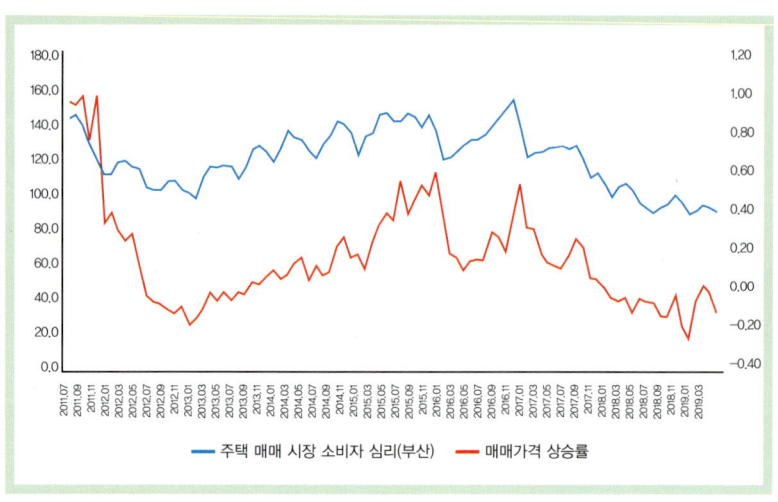

[자료 25] 주택 매매 시장 소비자 심리와 매매가격 상승률(부산)   출처 : Kosis 국가통계 & KB 부동산

[자료 25]는 부산의 주택 매매 시장 소비자 심리지수와 매매가격 상승률을 비교한 것이다. 2011년부터의 그래프 변동률이 거의 유사하게 흘러가고 있는 것을 볼 수 있다. 이처럼 심리지수는 매매가격과 동행하는 지수일 가능성이 높아 선행지수로 사용할 수 없으며, 투자로 활용하기 힘들다. 전체 부산 시장의 가격의 흐름이 곧 심리이고, 가격이 변했기 때문에 소비자 심리도 변한 것이다.

공급과잉의 시작,
미분양이 말하는 의미

공급물량만큼이나 중요한 통계가 미분양이다. 미분양은 한 도시의 주택 경기를 파악해볼 수 있는 중요한 통계다. 미분양 발생 시기와 적체된 규모에 따라 주택 시장의 심각성과 침체 시기, 침체 정도를 짐작할 수 있다. 이러한 미분양이 생기는 경우는 여러 조건들이 있다.

이 중 가장 관심 있게 봐야 할 것은 충분한 공급으로 만들어내는 수급의 불일치로 생겨나는 미분양이다. 한 해 공급으로 일어나는 것이 아니라 누적된 공급으로 실수요자의 에너지를 충분히 흡수해 생겨나는 미분양은 부동산 시황을 파악하는 데 있어서 아주 중요하다.

또 하나, 미분양의 원인이라면 큰 위기 뒤에 나오는 수요의 위축으로 나오는 경우다. 과거의 예로 보면 IMF나 금융위기 같은 외부 환경에 의해 크게 수요가 위축되면서 생겨나는 미분양이 있을 것이다.

조금 더 작은 미분양의 원인으로는 고분양가 및 비선호지역 위치의 분양으로 인한 수요자들의 외면을 들 수 있다. 이 중에서 가장 중요한 것은 공급으로 만들어내는 미분양이며, 이는 곧바로 부동산 침체를 가져온다.

반대로 외부 환경의 충격으로 일시적인 위기에 의한 수요 위축의 미분양일 경우, 위기가 해소되고 정상적인 경제 환경으로 돌아오면 금방 수요는 돌아오며, 미분양은 해소된다.

단위 : 호

지역 \ 미분양	1차 미분양 급증기(1995년)	2차 미분양 급증기(1998년)	3차 미분양 급증기(2008년)
수도권(구성비)	34,993(23.0%)	27,481(26.8%)	26,928(16.2%)
비수도권(구성비)	117,320(77.0%)	75,220(73.2%)	138,671(83.8%)
전국(구성비)	152,313(100.0%)	102,701(100.0%)	165,599(100.0%)

[자료 26] 시기별 미분양주택의 지역별 분포   출처 : 《부동산 연구》제19집 2호, 2009. 12, pp. 259~278.

[자료 26]을 보면 과거의 미분양 급증기를 통해서 시장을 이해할 수 있다. 1차 미분양 급증기(1995년)는 200만 호 건설이 시작된 이후 꾸준한 공급과잉이 원인이었다. 1995년에 수도권 3만 4,993호, 비수도권 11만 7,320호로 미분양은 총 15만 2,313호였다.

2차 미분양 급증 시기는 1998년이다. IMF 위기 이후 수요가 크게 위축되면서 생겨난 경우로 전체 10만 2,701호까지 미분양이 증가했다.

3차(2008년) 미분양은 금융위기 이후의 수요 위축과 과공급이 맞물려서 나타났는데, 총 16만 5,599호로 역대 최대치다.

주택 규모별 미분양 아파트 구성현황을 보면, 1차 미분양이 급증한 시기에는 60㎡ 미만의 비중이 49.8%이였으며, 3차 미분양 급증 시기는 85㎡ 초과 비중이 55.2%인 것을 알 수 있다. 여기서 3차 미분양 시기에 나타난 고분양가와 더불어 대형 평형들의 미분양 증가는, 다음 상승 사이클 전까지의 공급량 중 대형 평형을 급감하게 만든 원인이 되기도 했다.

단위: 호

미분양 평형구성	1차 미분양 급증기(1995년)	2차 미분양 급증기(1998년)	3차 미분양 급증기(2008년)
계(구성비)	152,313(100.0%)	102,701(100.0%)	165,599(100.0%)
60㎡미만(구성비)	75,875(49.8%)	32,529(31.7%)	7,294(4.4%)
60~85㎡미만 (구성비)	58,394(38.3%)	43,732(46.6%)	69,924(40.4%)
85㎡초과(구성비)	18,044(11.8%)	26,440(25.7%)	88,381(55.2%)

[자료 27] 주택 규모별 미분양 아파트 현황   출처:《부동산 연구》제19집 2호, 2009. 12, pp. 259~278.

대형 공급의 미분양은 2011년 이후부터 대형 공급이 크게 줄어들게 한 원인이기도 하다. 줄어든 대형 공급은 2009년 지방의 상승시기와 맞물려 크게 대형 평형이 상승하는 원인으로 이어졌다. 그럼 미분양이 줄어드는 경우는 어떨까? 과공급이 해소되고 미분양이 줄어들면 상승의 시작점이라고 할 수 있을까?

과공급이 주택 경기를 침체로 만들어 미분양이 증가했는지, 아니면 부동산 경기 침체가 미분양을 늘렸는지, 미분양이 주택 경기를 침체시켰는지, 선후를 판단하기 어렵다. 반대로 이야기해보면 가격 상승을 해서 미분양이 줄었는지, 미분양이 줄어서 가격이 상승했는지, 명확하게 선후를 판단하기 힘들다는 의미다.

앞서 이야기했듯 1995년의 미분양 증가시기에는 과공급이 원인이었고, 1998년 경우는 IMF라는 외부적인 경제요인 때문이었다. 2008년은 과공급과 외부요인이 같이 영향을 주었다고 할 수 있다.

그래서 미분양을 투자의 선행 지표로 활용하기에는 좀 어려운 면이 많다. 부동산 침체 시점에는 미분양도 비슷한 시점에 같이 증가하고, 가격 상승의 시점도 미분양 감소가 비슷한 시점에 온다는 것은 이미 상식으로 통한다. 그래서 미분양의 원인이 어디에서부터 시작됐는지를 확인해야 한다.

과공급으로 만든 미분양은 일정 시간이 지나서 수요가 만들어지기까지 시간이 꽤 걸린다. 그렇기에 공급이 지속되면 공급이 줄어들 때까지 미분양의 영향은 지속되기 때문에 과공급이 해소되려면 시간이 많이 걸린다. 하지만 과공급이 아닌 외부위기인 금융위기, IMF 같은 영향이라면 훨씬 빠르게 미분양이 감소한다. 이는 결국 도시 내부에 공급된 공급량에 따라 미분양을 벗어나는 속도도 차이가 난다는 의미다.

이렇게 보면 외부의 충격으로 위축된 수요가 공급에 흡수되지 못해 생긴 일시적인 미분양 숫자에는 크게 연연할 필요가 없다. 우리나라 주택 시장이 가격의 상승과 하락을 기준으로 보면, 2004년 이후부터 서울 수도권과 지방이 다르게 움직이는 것을 알 수 있다. 그 속에서 미분양의 증감 또한 도시마다 점점 차별화되고 있다.

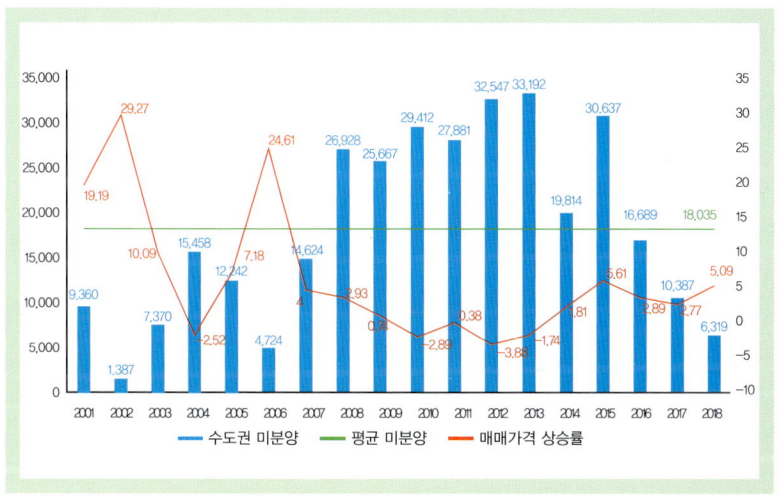

[자료 28] 수도권 미분양과 매매가격 상승률   출처 : 국토교통 통계누리 & KB 부동산

[자료 28]에서 보면 수도권의 경우는 미분양이 2014년에 크게 한 번 줄었다. 다음 해인 2015년에는 다시 증가했다가 이후 2016년부터 2018년까지 미분양이 지속적으로 줄어들고 있는 것을 볼 수 있다.

평균 이상 미분양이 증가한 2008년에서 2013년까지 6년간은 가격이 정체나 하락구간이다. 미분양이 평균 이하로 떨어진 2001년에서

2006년, 그리고 2017년에서 2018년은 매매가격이 상승구간에 들어간 것을 확인할 수 있다.

매매가격이 하락으로 들어가기 전인 2008년에 미분양이 크게 증가했고, 상승하기 전인 2013년에서 2014년으로 넘어가는 구간에 크게 줄어든 미분양은 꼭 기억해야 할 부분이다. 미분양이 늘어나기 시작하는 시점과 미분양이 줄어드는 시점이 과공급에서 탈출하는 시점이거나, 과공급의 시작점일 가능성이 매우 높기 때문이다. 그래서 전체 미분양 수량 변화 구간에서 수량 변화가 큰 시점과 평균 미분양 수량을 같이 보면, 시장의 변화도 어느 정도 예측해볼 수 있을 것이다.

그럼 지방의 경우는 어떨까? 지방의 대표적인 도시인 부산의 미분양 증감 변화를 통해서 알아보자.

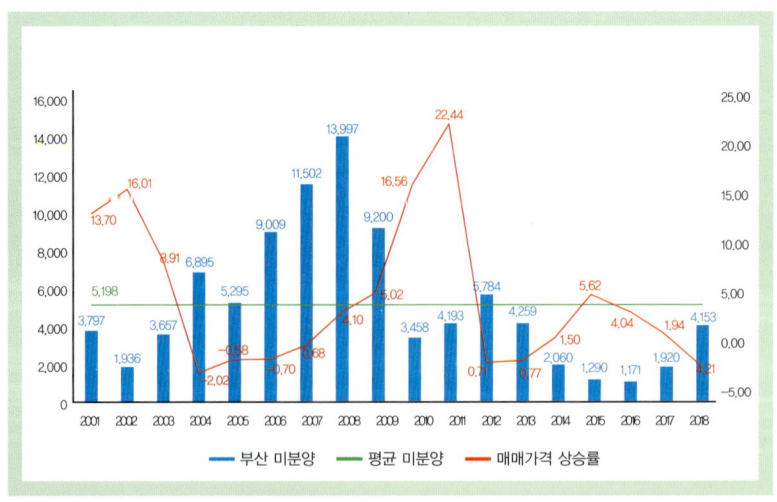

[자료 29] 미분양과 매매가격 상승률(부산)   출처 : 국토교통부 & KB 부동산

[자료 29]에서 보면 부산의 경우는 수도권과는 좀 다르다. 평균 미분양 수량보다 미분양이 많은 구간인 2008년과 2009년도에 매매가격이 상승했으며, 평균 미분양보다 작은 2013년에서 2014년도는 침체 구간이었다. 2018년의 경우도 미분양은 평균 이하지만, 부동산 시장은 좋지 못하다. 따라서 미분양이 평균량보다 작다고 반드시 시장이 좋은 것은 아니며, 가격이 상승하는 것도 아니다.

그래서 미분양 수량의 변동성이 커지는 시점인 2003년에서 2004년과 2008년에서 2009년으로 넘어가는 시점이 더 중요하다. 미분양 수량은 분양가(고분양가, 저분양가)와 분양지역(선호지역, 비선호지역)에 따라 달라지므로 미분양의 변동이 큰 시점보다는 의미가 작다.

수도권과 부산의 사례에서 보듯 미분양이 줄어서 가격이 올랐는지, 가격이 올라서 미분양이 줄었는지 확인해보면 불분명한 것을 알 수 있다. 하지만 여기에서 중요한 것은 수요의 한계점을 보여주는 한 단면인 미분양의 증가와 감소를 통해 시장의 변곡점을 볼 수 있는 점이다. 미분양이 크게 변화하는 시점에서 미분양이 말하고자 하는 큰 의미를 부여할 수 있다. 미분양 증감이 큰 변화의 시점에서 공급과 같이 본다면, 시장을 좀 더 분명히 이해하게 될 것이다.

전세가율이 말하는
시장의 환경

매매가 대비 전세가격의 비율을 '전세가율'이라고 한다. 가장 많이 알려져 있는 갭 투자에서 말하는 갭도 전세가율을 기반으로 한다. 전세가율이 높은 부동산 시장은 투자 환경이나 실수요자들의 선택에 있어 매우 큰 영향을 준다. 그렇다면 높고 낮은 전세가율은 어떻게 만들어질까?

높은 전세가율을 만드는 첫 번째 조건은 매매가 하락이나 정체다. 두 번째는 공급(입주물량)이 작아야 된다. 이 두 조건의 선행 조건은 과공급으로 인한 가격 하락이었을 것이다. 또한 과공급 이후에 매매가격이 떨어져서 매매보다 전세로 이동이 일어난 원인도 일부 있을 것이다. 전세가율이 높게 형성되려면 긴 침체기가 있어야 한다.

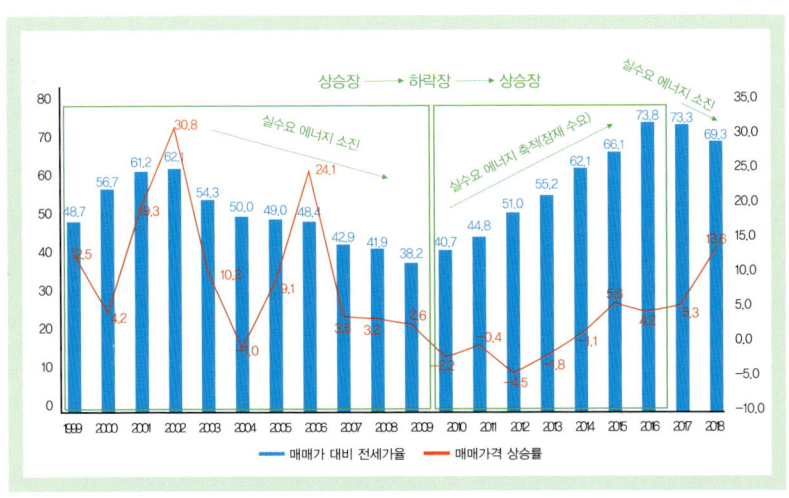

[자료 30] 매매가 대비 전세가율 & 매매가격 상승률(서울)   출처 : KB 부동산

　　서울을 예로 들면 2008년부터 침체로 들어가서 2014년까지 매매가격이 -2.76% 하락했다. 비슷한 시기에 전세가격은 금융위기 이후인 2009년부터 2014년까지 +50.76% 상승을 한다. 금융위기 이후 2009년 1월에 38.2%까지 떨어졌던 전세가율은 2017년 1월 73.3%까지 올라간다.

　　부동산은 자산 성격이 강한 특성상 가격 하락시기에는 매매보다 전세를 선택할 확률이 높다. 그 결과로 보여주는 것이 자가 보유율은 떨어지고, 전세나 월세 수요로 좀 더 많이 이동하는 것이다. 이렇게 이동한 전월세 수요가 전세가율도 높이게 되고, 미래의 잠재 수요도 된다.

　　전세가율이 올라간 환경을 만든 근본 원인은 먼저 매매가격 하락이 불러온 공급 축소다. 이렇게 줄어든 공급이 다시 전세가율을 높여서 상승의 에너지를 만들고 있다. 반대의 경우 전세가율이 낮은 곳은 지속적으로 오랜 기간 동안 매매가격이 상승한 곳이다. 매매가격 상승은 전세가와 가격의 차이를 확대시켜 전세가 매매가를 따라가지 못하게 한다.

결국 높고 낮은 전세가율이라는 환경은 상승과 하락이라는 부동산 시장에서 공급물량이 만들어 놓은 환경이 대부분이라고 할 수 있다. 그래서 전세가율은 지금 당장 만들어 투자에 활용할 수 있는 시장 환경이 아니다. 일정 공급량이 줄어드는 시간과 수요가 늘어나는 시간이 필요하다. 그렇게 본다면 현재 부동산 시장에 미치는 대표적인 과거부터 만들어 놓은 영향이 전세가율이다. 지금 입주하는 물량이나 정부의 규제 정책도 현재 시장에 영향을 주지만, 과거에 만들어진 전세가율도 현재 시점에 영향을 주는 것이다.

이렇게 시장은 현재와 과거가 끊임없이 연결되어 영향을 주고받는다. 이러한 환경은 때로는 정부 정책과 충돌하기도 한다. 그래서 과거부터 만들어진 시장 환경의 힘이 크면 클수록, 현재의 정부 정책은 시장을 이길 수 없다. 예를 들어 처음에 나오는 유동성 규제 정책이 시장에 영향을 미치지 못하는 것은, 과거부터 매수를 위해 모아놓은 유동성이 있기 때문이다. 따라서 상승기 초반에 나오는 유동성 정책은 시장에 큰 영향을 미치지 못하고, 시간이 지나고 유동성이 점점 줄면서 시장에 영향을 준다.

다시 전세가율로 돌아가서 이야기하면, 매매가격의 변화로도 전세가율의 변화도 확인해볼 수 있다. 서울의 전세가율이 어떻게 변화했는지 살펴보자. 2002년 1월 기준으로 62.1%까지 올라갔던 전세가율은 2009년 1월에는 38.2%까지 떨어진다. 이 기간은 매매가격이 상승하는 구간이었다. 이후 2010년부터 2013년까지는 매매가격 하락하는 시기다. 이 기간 동안 38.2%까지 떨어졌던 전세가율은 2016년에 73.8%까지 올라갔다.

이러한 하락시기와 공급량 부족 시기에 만나면, 이로 인해 내부적으로 움직이는 매수 수요가 줄어들고, 전월세 시장으로 옮겨간다. 이때 올라간 전세가율은 상승에너지를 모으며, 잠재 수요로 남는다.

이때는 자가 보유율이 떨어지고, 임차 수요가 늘어나는 시기이기도 하다. 서울은 2015년 이후 본격적으로 반등해 현재는 이 잠재 수요가 시장에 참여하고 있고, 여기에 투자 수요도 가세하고 있다.

공급부족으로 만든 전세가율은 오랜 시간 동안 만들어졌으며, 이 수요들이 상승장과 함께 매수 수요의 힘의 원천이기도 하다. 전세가율은 상승기 이후의 매매가격 하락과 공급량 부족으로 만들어진 시장의 에너지이며, 잠재 수요다. 이 수요는 다음 상승기에 매수로 나올 수 있는 가장 힘 있는 수요일 가능성이 많다. 단순한 매매가 대비 전세 비율이 아닌, 시장이 만들어 놓은 환경에서 나오는 전세가율의 의미를 알아야 할 것이다.

특히 수도권 전세가율의 의미는 대단히 중요하다. 2,500만 명이 거주하는 큰 시장이 움직이기 위해서는 강력한 힘이 필요하다. 그 힘의 중심에 공급으로 만든 시장의 에너지인 전세가율이 상승의 시작점을 만든다.

서울 수도권의 변곡점은 3년 누적 공급으로 밀어 올릴 수가 없다. 오랜 기간 동안 공급부족으로 누적된 환경이어야 되며, 그 에너지원도 커야 되기에 한 해 입주물량이 작다고 상승장을 만들 수 없다. 지난 과거를 돌아보면 서울 수도권의 경우 입주물량이 많을 때 상승하며, 반대로 입주물량이 작을 때 오히려 하락했다. 힘을 모아서 움직이는 전형적인 후행 시장이다. 서울 수도권에서 전 지역이 평균 전세가율이 높다는 의미는 몇 년에 걸쳐 누적된 공급량으로 전 지역에 공급 부족이라는 것을 간접적으로 보여주고 있는 것이다. 1997년과 2013년 수도권 평균 전세가율 60% 근처에서 상승한 것이 우연이 아닌 것이다.

이러한 이유로 전세가율의 영향력을 가장 많이 받는 곳이 수도권이며, 다음은 광역시, 그다음은 중소도시로 힘의 크기가 작다고 할 수 있다. 서울 수도권은 긴 시간 동안 만들어 놓은 전세가율이라는 에너지원으로 상승장에서 사용하기에 상승의 길이도 길게 되는 것이다. 전세가율은 한 도시가 과거에서부터 공급의 환경으로 만든 현재에 사용하는 에너지원이며 잠재 수요와도 같다.

자가 보유율,
중요한 이유가 있다

    자가 보유율은 전체 가구수에서 자가가 차지하는 비율이다. 주거 여건상 자가를 보유하고 있어도 자가에 거주할 수 없는 생활 여건인 경우도 있다. 다만 언제든지 자가로 들어갈 수 있기에 자가를 보유하는 비율은 무척 중요하다.

    자가를 보유하지 못한 비율은 전세 비율과 월세 비율, 즉 임대 비율이다. 여기서 중요하게 생각해야 할 부분은 자가를 선택하지 않은 전세 수요와 월세 수요, 즉 임차로 들어가는 잠재 수요다. 이 잠재 수요는 언제든 집을 매수할 수 있는 수요로 바뀔 수 있다. 물론 모든 잠재 수요가 다 매수에 참여한다는 의미는 아니다.

    경제 상황이 좋아지고, 시장 환경이 좋아지거나 필요에 의해서 집을 매수할 수 있는 여건이라면, 언젠가 시장에 매수로 참여할 수 있는 수요라고 할 수 있다. 그중에서도 전월세로 거주하는 임대 수요는 부동산 시장에서 언제든 다시 매매가격, 전세가격, 어느 쪽이든, 압력으로 작용할 수 있는 수요다.

만약 1주택자일 경우 갈아타는 수요가 있다면, 매수 후 다시 매도 물량이 나오면서 수요자이자 동시에 공급자 역할을 할 수도 있다. 무주택인 전세 수요가 매수 수요로 이동하면, 하나의 공급물량을 감소시키는 실거주 수요이기 때문에 매매가격이나 전세가격에 큰 영향을 미칠 수밖에 없는 가장 중요한 수요일 것이다. 그래서 전세, 월세 수요가 투자자 입장에서는 가장 좋은 수요인 것이다. 이를 우리는 잠재적인 매수 수요라고 말할 수 있다.

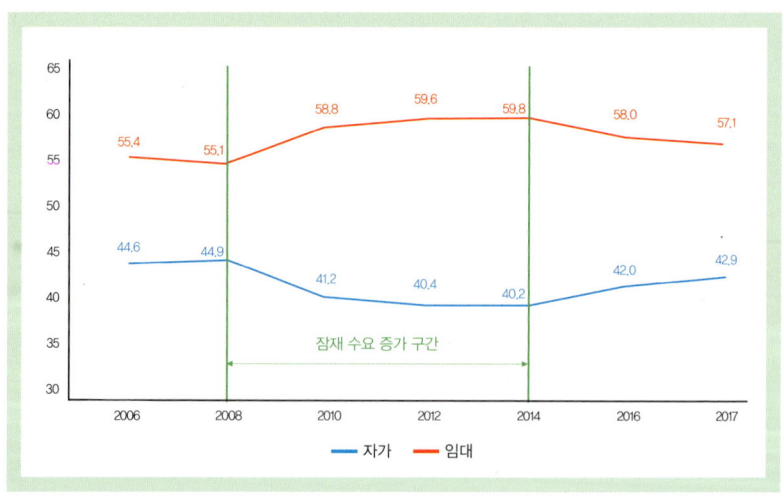

[자료 31] 자가 보유율(서울)   출처 : KOSIS 국가통계

[자료 31]은 서울의 자가 보유율이다. 2006년에 44.6%였던 자가 보유율이 2014년에는 40.2%까지 떨어져 있다. 서울 주택 시장이 2008년 금융위기 이후부터 2013년까지 침체해 좋지 않은 구간인 것이다. 매매가격이 하락하는 동안 손실 회피 심리를 생각한다면, 자가를 선택하는 것보다 전월세를 선택해 자산을 지키려는 마음이 상대적으로 높았다고 유추해볼 수 있다.

이러한 하락환경에서 자가를 선택하는 비율이 떨어지기 시작해 전세나 월세로 이동해 2014년까지 잠재 수요로 모이게 되는 것이다.

서울시 열린데이터 광장의 자료를 통해서 얼마나 많은 잠재 수요가 생겨났는지 확인해보자. 2008년 이후 2014년까지 서울이 하락기로 접어들면서 자가와 임대 비율이 어떤 변화가 생겼을까?

2008년 서울의 총가구수는 347만 9,118이며, 이때 자가 보유 비율은 44.9%로 156만 2,124가구이고, 임대 비율은 55.1%로 191만 6,994가구로 나누어져 있다.

2014년까지 하락하는 가운데 자기 비율의 변화를 보면, 총가구는

	2008년	2014년	가구수 증감
전체 가구	3,479,118	3,735,081	255,963
자가 비율	1,562,124(44.9%)	1,501,503(40.2%)	−60,621
임대 비율	1,916,994(55.1%)	2,233,578(59.8%)	316,584

[자료 32] 자가 보유 비율과 임대 비율(서울)   출처 : 서울시 열린데이터 광장 & KOSIS 국가통계

373만 5,081로 증가했다. 이때의 자가 보유 비율은 40.2% 감소하게 되어 150만 1,503가구로 감소하게 된다. 임대 비율은 59.8% 증가해서 223만 3,578가구로 증가하게 된다.

    2008년에서 2014년까지의 가구변화를 보면, 총가구수 증가는 25만 5,963가구가 증가했고, 하락기를 거치면서 자가 보유가구는 6만 621가구가 감소했다. 반대로 임대로 들어간 가구는 31만 6,584가구로 증가했다는 것을 알 수 있다. 이때 늘어난 31만 6,584가구가 2014년 이후 상승기에 시장에 참여하고 있는 수요일 가능성이 매우 높은 잠재 수요일 것이다. 이렇게 늘어난 잠재 수요들이 전세와 월세로 이동하며, 시장의 상승압력을 높였을 가능성이 많다. 이러한 이유로 전세수급, 전세가율, 전세가격 상승을 시켰고, 또 상승기에 매수 수요로 시장에 참여하고 있는 것이다.

    서울의 경우 2006년에 44.6%였던 자가 보유율은 2014년에 40.2%까지 떨어졌다. 무려 8년이라는 기간 동안의 잠재 수요는 상당히 많이 늘어나 있을 것이라고 짐작해볼 수 있다. 이러한 잠재 수요가 상승기에 시장의 참여자로 나오게 된다면, 시장의 파괴력은 더욱 크게 작용할 것이다.

    경기권역과 인천을 포함한 자가 보유율은 2006년부터 2016년까지 10년간 올라가지 못하고 있다. 이 기간에 전월세로 이동한 수요들이 10년 동안 쌓아놓은 잠재 수요가 될 수 있고, 상승기에 무서운 매수 수요로 등장할 수 있을 것이다. 특히 자가로 거주했다가 가격 하락으로 인해 전세로 이동한 수요들은 가격이 상승하면 언제든 다시 자가로 돌아올 수 있다. 전세로 갔던 수요들과 기존의 전세에서 자가를 목표로 계획하고 있는 수요들, 그리고 투자 수요까지 상승기에 나오게 되면 시장 상승의 힘은 더욱 커지게 된다.

[자료 33] 자가 보유율(대구)　　　　　　　　　　　　출처 : KOSIS 국가통계

이와 반대로 쌓아놓은 잠재 수요가 사라지고, 자가 보유율이 올라갈 때는 시장의 에너지가 매우 약하게 되어 매수 수요가 점점 약해지고 있다고 봐야 한다. 예를 들어 대구시의 경우 2006년에서 2008년 사이에는 자가 보유율이 53.9%에서 55.9%로 2% 증가했다. 2006년에서 2008년까지 평균 입주물량은 2만 2,586세대로 공급량이 한계 수요

를 넘었던 기간이다. 이 당시 부동산 시장은 2006년부터 활황기가 끝나고, 침체로 들어간 시기였다.

또 2014년에서 2016년 넘어가는 구간에는 55.1%에서 59.4%로 자가 보유율이 증가하는 것을 볼 수 있다. 입주물량은 이 시기에도 평균 물량이 1만 8,344세대로 많았다.

이를 통해 알 수 있는 것은 자가를 마련하려는 사람들이 집을 구매해서 자가 보유율이 높아지면, 시장의 에너지가 사라지거나 흡수되어 하락으로 접어들 수 있다는 것이다. 그래서 하락에서도, 상승에서도, 자가 보유율의 변화를 통해서 수요의 이동을 꼭 확인해야 한다.

종합하면 자가 보유율이 올라가지 못하고 지속적으로 몇 년간 유지만 되어도 많은 에너지를 쌓아놓게 된다. 그 에너지를 간접적으로 확인할 수 있는 것이 전세가율이나 전세수급이다. 이 에너지를 모으는 힘의 크기는 도시 규모에 따라 다르다.

특히 가구수와 세대수가 많은 지역일수록 긴 시간 동안 자가 보유율이 올라가지 않는다면, 내부에 쌓아놓은 에너지가 더 커진다. 하지만 어떤 도시에서 자가 보유율이 조금씩 계속 올라갔다면, 쌓아놓은 에너지가 크게 없기 때문에 상승폭도 작으며, 전세수급도 양호한 수준에서 유지된다. 자가 보유율의 증감은 내부에 쌓인 수요를 간접적으로 파악할 수 있다는 데 큰 의미가 있다.

현장 분위기의 바로미터, 매수우위지수

　KB 부동산 통계에서 매수우위지수는 '매수자 많음' 비중과 '매도자 많은 비중'으로 만든 지수다. 매수우위지수는 부동산 현장에서 조사된 내용으로, 시장의 동향이 가장 잘 반영된 통계다. 이 지수는 가격 상승시기와 거의 비슷한 시점에서 움직인다고 보면 된다.

　매수우위지수는 부동산 현장에서 매수자와 매도자가 많고 적음을 통계 낸 것이라 현장을 잘 대변했다고 할 수 있다. 이렇게 시장 참여자에 의해 현장을 잘 반영했기 때문에 가격하고 거의 비슷하게 움직인다. 특히 상승기에는 매도자가 줄고, 매수자가 늘어나는 시점이라 매물이 품귀현상을 일으키며, 큰 상승폭을 만들어내고 매수우위지수도 폭발적으로 상승하게 된다.

매수우위지수는 매수와 매도를 결정하기 위한 마지막 단계까지 도착해 있다고 보면 된다. 하지만 현장의 매수자와 매도자의 모습을 그대로 반영하고 있다고 해서 이것이 지속적으로 유지된다는 의미는 아니다. 지금의 매수심리가 미래의 모습이라고는 할 수 없기 때문이다. 다만 시장의 여러 환경들이 충분한 상승 조건이 됐고, 매수우위지수까지 높은 상태로 유지된다는 것은, 그만큼 상승 가능성이 크다고 할 수 있다.

주의해야 할 것은 통계는 평균의 함정이 늘 있다는 점이다. 시장의 흐름에 따라 전체 시장, 즉 구축과 신축, 분양권 등 지역과 상품에 상관없이 모두 상승으로 가는 시장이 있는 반면, 특정 지역이나 특정 상품만 상승하는 시장도 있다. 특히 상승장이 길어지면 이러한 개별성이 더욱 두드러진다. 따라서 통계와 함께 현장에서 움직이는 상승의 방향도 반드시 같이 봐야 더 좋은 효과를 거둘 수 있다.

[자료 34]처럼 대구를 예로 들면, 매수우위지수와 매매가격 상승률이 거의 비슷하게 움직이고 있다는 것을 볼 수 있다. 대구는 지난 2009년부터 지방의 상승장에서 가장 늦게 상승을 시작했다. 2010년 가을을 지나면서 매매가격이 본격적으로 상승하고 있는 것을 볼 수 있다. 매매가격이 상승하는 시기에 매수우위지수는 60을 넘어서고 있는 것을 자료에서 확인할 수 있다.

매수우위지수가 평균 60을 넘는다는 것은 부동산 현장에서 매수자가 매도자보다 훨씬 많이 움직이고 있다는 것을 의미한다. 이렇게 매도자보다 더 많은 매수자의 선택에 의해서 시장이 상승으로 이어지고 있는 것이다.

하지만 2011년 초반과 상승장이 많이 진행된 2016년 이후의 시장은 좀 다르다. 2016년 이후부터는 신축의 상승은 뚜렷한 데 비해 구축은 상승이 미미하거나 하락하는 시장의 양극화로 통계에 뚜렷하게 나타나지 않는다. 이렇듯 평균이라는 통계의 함정이나 개별성이 강한 특성은 현장에서 직접 확인해봐야 할 것이다. 상승장이 길어질수록 지역의 위치와 상품에 따라 개별성이 강하게 작용되기 때문이다.

시장과 유사하게 움직이는 통계인 매수우위지수는 매매가격 상승 및 하락과 가장 비슷하게 움직이는 통계인 것은 분명하다. 하지만 매수우위지수도 현재 시장의 상황을 간접적으로 알 수 있는 통계일 뿐이다. 상승장이 유지되거나 앞으로도 계속 상승할 것이라고 전망하는 성격의 통계는 아니다. 이 점을 꼭 기억해두어야 한다.

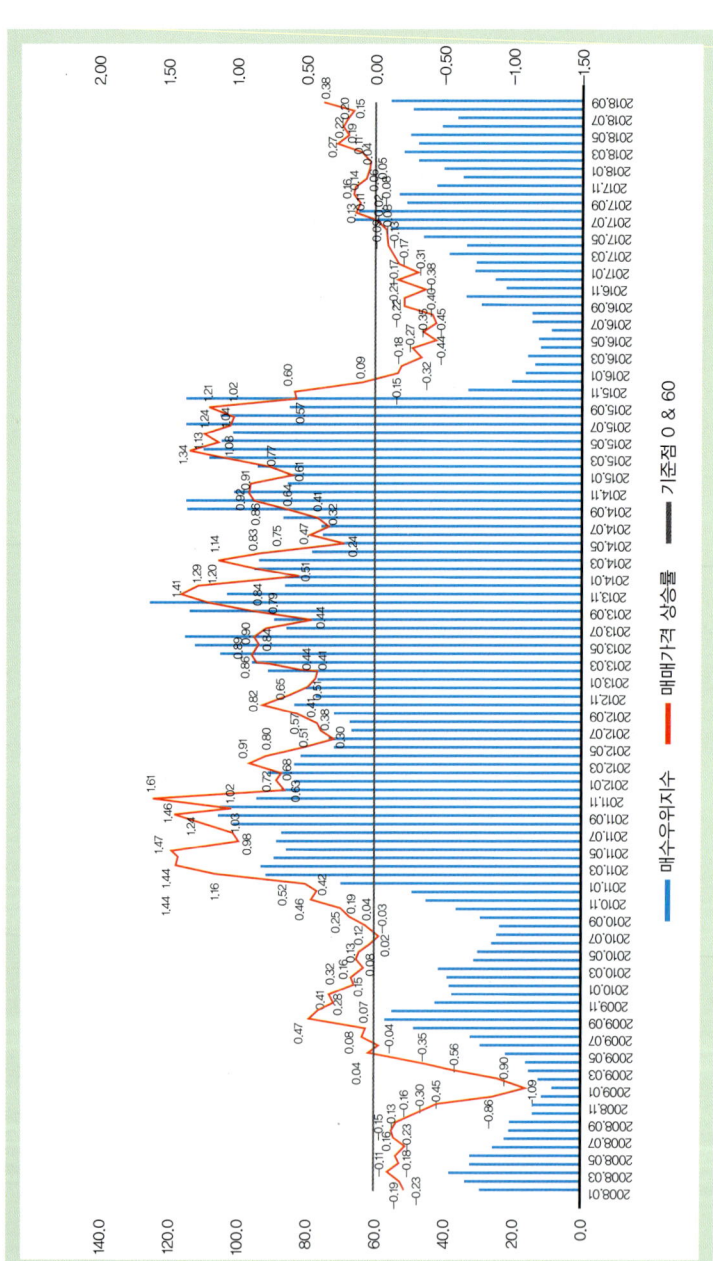

[자료 34] 매수우위지수(대구)

택지공급 실적과
인허가물량만 봐도 절반은 성공이다

 공급만큼이나 중요한 것이 있다면 바로 택지공급 실적과 인허가물량이다. 인허가물량을 확인하는 이유는 다가올 분양물량을 예측해볼 수 있는 자료이기 때문이다. 인허가물량은 택지공급과 도시정비사업으로 공급되는 물량으로 크게 나누어 볼 수 있다. 여기서 과공급이 나올 확률이 높은 것은 대규모 택지공급이다. 그렇게 보면 먼저 인허가물량과 택지공급을 통해서 나올 수 있는 물량 정도만 봐도 큰 실패는 없을 것이라 생각된다.

[자료 35] 택지공급 실적(지역별, 연도별)

구분	합계	수도권				지방권											
		소계	서울시	인천시	경기도	소계	부산시	대구시	광주시	대전시	울산시	강원도	충청	충청남도 (세종시 포함)	전라 북도	전라 남도	경상 북도	경상 남도	제주도
총계	1,018,477	563,769	74,763	54,047	434,959	454,708	36,210	34,508	28,929	35,716	6,234	25,714	33,324	69,323	34,826	39,649	35,464	65,188	9,623
81~'91	227,083	116,924	44,318	12,052	60,554	110,159	9,341	10,964	5,491	9,513	0	7,843	7,383	7,348	9,076	13,599	9,622	16,496	3,103
1992	34,771	15,918	1,551	1,380	12,987	18,853	3,871	1,932	978	2,690		931	1,283	777	1,136	1,343	973	2,311	628
1993	29,155	15,275	704	2,152	12,419	13,880	380	2,396	1,558	924		1,214	66	1,482	1,851	1,014	749	1,777	469
1994	34,548	13,551	672	1,912	10,967	20,997	1,777	2,599	2,685	1,341		1,534	1,433	1,260	1,085	2,246	1,364	3,510	233
1995	27,183	15,259	194	996	14,069	11,924	831	725	653	849		838	818	757	1,104	861	724	3,487	277
1996	39,669	17,491	473	1,488	15,530	22,178	2,668	1,557	2,632	1,507		1,712	1,692	688	1,679	1,987	1,603	3,977	456
1997	28,078	12,142	459	2,083	9,600	15,936	426	896	1,749	347		1,111	1,230	268	1,167	1,153	2,532	4,800	257
1998	22,112	11,242	261	1,047	9,934	10,870	332	76	1,620	1,540	179	919	777	357	952	258	893	1,815	552
1999	20,644	9,001	542	218	8,241	11,643	410	413	453	3,127	132	298	777	536	707	658	248	3,458	426
2000	25,933	10,608	417	988	9,203	15,325	698	740	592	2,043	0	932	2,879	949	1,613	750	1,537	2,532	60
2001	28,026	12,850	185	896	11,769	15,176	1,362	926	1,250	1,732	10	731	1,078	1,061	602	674	1,974	3,574	202
2002	29,436	15,813	212	2,301	13,300	13,623	1,674	857	1,308	1,608	77	427	1,971	2,340	338	226	709	1,390	298
2003	24,367	11,820	169	1,104	10,547	12,547	1,583	601	1,395	240	881	462	715	1,111	1,825	773	363	2,367	231
2004	41,536	21,639	4,476	1,245	15,918	19,897	1,527	513	4,883	79	182	807	866	525	3,098	4,602	1,543	1,073	189
2005	40,384	21,525	1,523	3,293	16,709	18,859	1,494	1,290	467	4,114	61	629	709	5,608	457	2,232	1,065	594	119
2006	46,358	34,182	1,311	2,828	30,043	12,176	668	758	453	1,913	96	1,343	483	283	1,668	1,254	797	1,391	1,069
2007	65,232	43,704	863	4,424	38,417	21,528	238	22	646	1,703	1,440	199	1,923	10,729	1,063	178	354	2,976	57
2008	51,943	23,630	3,363	685	19,582	28,313	30	3,869		114	1,794	2,312	3,475	3,845	2,216	4,530	3,383	1,758	997
2009	59,151	30,537	2,511	11,475	16,551	28,614	4,483	1,002	106			975		16,834	1,453		1,047	2,714	
2010	54,840	54,462	7,814	841	45,807	378	378												
2011	15,246	10,020	384		9,636	5,226					1,079		933	1,419	864	907		24	
2012	16,622	11,432	1,844		9,588	5,190							2,195	1,692	115		45	1,143	
2013	15,123	13,461		39	13,422	1,662	49				80			1,533					
2014	7,467	4,476	84	101	4,291	2,991	10	459		212	4			1,239	757		310		
2015	13,194	5,996	46	499	5,441	7,208	1,239	1,528			219		179	1,291		36	2,776		
2016	7,915	4,638			4,638	3,277	141	43		60		28		2,105			893	67	
2017	5,030	1,235			1,235	3,795	18	362		60		469		2,886					
2018	7,431	4,948	387		4,561	2,483							459					1,964	

출처: 국토교통부 통계누리

[자료 35]에서 보듯 특별히 눈에 띄는 택지공급 실적을 보면, 1990년도부터 2010년까지다. 이 기간 동안 지속적으로 택지가 공급됐다는 것을 볼 수 있다. 또 2011년부터는 많은 도시들의 택지공급 실적이 크게 줄어들고 있는 것을 볼 수 있다.

특히 광역시의 경우 2010년 이후부터 2013년까지 택지공급 실적의 공백기가 보이고 있다. 서울의 경우는 2013년부터 택지공급 실적이 거의 없다. 광역시급의 경우도 2010년 이후 택지공급 실적이 부족해 도시정비사업으로 공급이 될 수밖에 없는 구조다. 지방에서 가격 상승을 가장 먼저한 부산이 그 첫 번째로 재건축 재개발이 활발했던 도시였고, 다음이 대구가 활발하게 진행되고 있다. 지금 서울도 도시정비사업 재건축 재개발이 활발하게 될 단초가 마련됐다고 볼 수 있다.

이러한 택지공급과 함께 봐야 하는 것이 인허가물량이다. 택지가 공급되지 않아도 도심 내에서 정비사업으로 공급이 이뤄지기 때문이다.

인허가물량은 공급물량만큼이나 중요한 통계다. 입주물량보다 앞서 분양물량이나 공급물량을 예측해볼 수 있기 때문이다. 물론 인허가물량이 곧 분양이라고 할 수는 없다. 부동산 시장의 시황이나 경제 여건에 따라서 인허가 후에도 분양을 미루는 곳들이 있기 때문이다. 다만 인허가 후 평균 2~3년 뒤에는 공급물량으로 나온다는 것을 가정한다면, 인허가가 확연하게 떨어지는 지역들을 눈여겨볼 필요가 있다. 인허가 후에 분양은 연기할 수 있지만, 인허가를 하지 않고서는 공급이 절대 될 수 없기 때문이다.

부산의 경우 2008년부터 2010년까지는 평균 인허가물량이 36.9% 수준으로 떨어진 시기였다. 대구의 경우 2007년부터 2014년까지 평균량 이하로 인허가가 됐다. 특히 2009년에서 2012년까지 4년 동안은 평균 인허가물량이 36.8% 수준에 머물렀다. 광주의 경우도 2008년부터 2010년까지 평균 인허가물량이 27.4%에 머물렀다.

이렇게 인허가물량이 몇 년간 공백이 있으면, 바로 분양물량의 감소로 이어지고, 이후 입주물량이 크게 감소할 가능성이 높아진다. 이처럼 입주물량보다 빠르게 확인할 수 있는 인허가물량과 택지 지정을 잘 살펴본다면, 확률이 높은 곳에 투자할 수 있고, 과공급의 위기를 피할 수 있을 것이다.

연도	합계	수도권	서울	인천	경기	부산	대구	광주	대전	울산	세종	강원	충북	충남	전북	전남	경북	경남	제주
1988년	316,900	151,175	54,443	31,473	65,259	31,357	15,734	11,500	0			9,577	9,199	16,078	10,964	14,089	16,786	27,627	2,834
1989년	462,159	209,278	76,063	44,441	88,574	32,594	23,144	16,701	17,977			16,386	18,527	10,964	21,208	18,432	27,802	43,613	5,513
1990년	750,378	378,797	120,371	62,451	195,975	49,237	41,566	28,976	22,959			20,708	22,989	20,553	22,901	31,841	36,083	67,799	5,969
1991년	613,083	274,686	103,497	28,227	142,961	46,566	31,130	15,556	29,226			12,856	20,339	19,976	21,642	21,991	37,686	74,788	6,662
1992년	575,492	282,983	106,441	32,391	144,151	45,095	29,683	21,370	26,957			13,241	14,156	17,105	19,505	23,594	29,132	47,763	4,908
1993년	696,319	332,421	111,656	38,734	182,031	57,004	34,040	17,402	28,451			26,171	28,203	33,698	27,566	23,514	36,552	45,264	5,033
1994년	622,854	271,406	86,220	38,728	146,458	41,607	48,015	29,176	16,359			15,602	21,647	31,935	25,092	25,933	45,265	46,642	4,175
1995년	619,057	268,111	103,617	36,683	127,811	32,190	36,998	32,390	14,772			33,659	25,184	36,139	27,598	16,271	31,401	56,338	6,066
1996년	592,132	271,927	104,801	27,232	139,894	42,600	29,490	16,920	11,793			26,741	17,221	40,983	21,961	21,781	32,957	53,751	4,097
1997년	596,435	229,370	70,446	19,671	139,253	35,468	37,878	28,311	9,145	8,154		18,475	30,633	53,302	26,194	20,479	40,879	53,931	4,226
1998년	306,031	148,669	28,994	9,042	110,633	21,125	3,132	7,113	10,418	4,154		14,640	17,132	15,402	7,816	12,575	16,667	22,525	4,663
1999년	404,715	237,454	61,460	9,253	166,741	17,319	9,353	6,777	6,800	6,787		15,483	12,429	18,438	14,052	15,172	18,098	18,977	7,576
2000년	433,488	240,986	96,936	20,471	123,578	21,603	21,033	7,935	9,604	8,670		9,047	12,418	15,294	11,535	15,347	22,996	29,923	7,098
2001년	529,854	304,396	116,590	54,547	133,259	38,580	34,919	9,582	5,833	10,364		11,367	13,164	13,735	12,571	12,603	22,318	33,658	6,764
2002년	666,541	376,248	159,767	55,008	161,473	66,400	27,464	20,835	16,642	13,550		11,190	8,479	20,748	14,183	15,215	24,386	40,252	10,949
2003년	585,382	297,289	115,755	29,392	152,142	43,418	34,405	28,033	21,220	12,481		20,850	10,942	21,671	16,820	10,940	21,572	36,909	8,812
2004년	463,800	205,719	58,122	22,440	125,157	20,509	25,370	12,124	15,455	12,381		20,748	26,812	32,857	15,583	18,763	20,108	33,940	3,431
2005년	463,641	197,901	51,797	17,588	128,516	25,458	41,600	16,850	13,724	10,479		23,691	16,252	21,326	21,752	8,369	20,393	42,685	3,161
2006년	469,503	172,058	39,694	15,876	116,488	48,741	27,625	23,291	9,778	13,393		20,955	18,195	30,079	16,332	13,759	27,043	44,515	3,799
2007년	555,792	302,551	62,842	41,571	198,138	41,254	18,174	13,088	11,180	24,507		10,677	19,963	29,317	11,842	15,255	24,285	31,503	2,176
2008년	391,285	197,580	48,417	33,632	115,531	13,594	22,880	3,945	14,556	5,897		13,235	10,014	21,657	12,063	10,849	15,881	24,375	4,759
2009년	381,787	255,558	36,090	59,519	159,549	6,506	6,645	5,024	1,849	6,728		12,312	11,537	22,860	11,634	8,984	13,316	17,119	2,115
2010년	398,542	250,218	69,190	37,477	143,551	18,331	4,724	4,487	4,034	4,904		9,312	8,504	15,331	12,299	17,599	13,694	18,234	4,881
2011년	549,594	272,156	88,060	35,905	148,191	37,256	12,462	16,059	19,736	13,146	17,588	12,989	18,010	46,794	16,117	15,576	16,936	39,339	13,018
2012년	596,884	269,290	86,123	32,132	151,035	42,333	13,012	19,584	6,708	9,751	17,844	12,156	24,773	44,450	24,288	22,222	25,713	44,760	10,256
2013년	440,116	192,610	77,621	18,907	96,082	23,922	18,078	8,454	5,180	5,344	12,447	12,964	19,267	32,343	23,179	20,061	23,878	34,683	6,309
2014년	515,251	241,889	65,249	13,583	163,057	17,210	19,079	11,056	5,073	12,552	12,977	16,391	19,983	35,564	13,768	17,628	41,438	49,424	8,805
2015년	765,328	408,773	101,235	30,590	276,948	33,535	27,118	14,673	7,997	12,459	15,235	18,868	31,125	40,311	22,552	15,631	53,046	45,325	18,690
2016년	726,048	341,162	74,739	22,186	244,237	36,664	23,169	22,796	13,509	16,325	12,627	29,489	29,489	31,600	28,737	20,983	36,551	61,124	21,596
2017년	653,441	327,402	113,131	22,689	185,582	47,159	31,378	20,326	9,953	12,747	9,332	29,497	30,463	25,301	17,224	20,439	25,105	38,952	14,163
2018년	554,136	280,097	65,751	39,375	174,971	34,352	35,444	14,999	6,520	12,759	2,062	26,297	27,895	26,131	13,019	16,070	25,428	25,691	7,372
평균	537,193	263,592	82,430	31,652	149,911	34,677	25,314	16,301	12,686	10,795	12,448	17,489	19,077	27,167	17,803	17,483	27,206	40,433	7,092

[자료 36] 전국 인허가물량(연도별)

출처 : 국토교통부 통계누리

2장. 상승과 하락에서 보여주는 통계의 의미   135

3장

시장의 해석 방법과 부동산 시장이 보여주는 의미

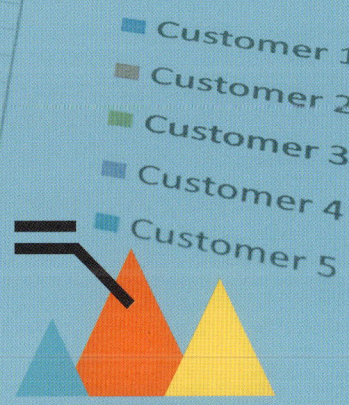

시장을 끌고 가는
힘의 주체는 누구인가?

'시장을 끌고 가는 주체는 누구인가?'라는 질문에 한 번 정도는 생각해봤을 것이다. 누군가는 정부의 정책에 맞서면 안 된다고 하며, 누구는 정부는 시장을 이길 수가 없다고 한다. 과연 누구의 말이 맞는 것일까?

또 어떤 분들은 투자자가 시장에 가장 큰 힘을 작용한다고 하고, 어떤 분들은 심리가 가장 큰 영향을 미친다고도 한다. 물론 앞에 언급한 이야기, 즉 시장에서 나오는 다양한 정책이나 심리, 그리고 투자자 등이 시장에 영향을 미치는 것은 맞다. 하지만 긴 시간을 놓고 보면 대부분은 변수에 불과하다. 투자자도, 심리변화도, 정책도 일시적으로 시장의 변화에 따라서 자연스럽게 나오게 되기 때문이다. 하지만 이러한 변수들은 시장을 끌고 가는 주체가 될 수 없다. 지속해서 시장에 참여하는 수요가 아니기 때문이다.

　시장의 주체가 되어 앞으로 끌고 가는 것은 결국 주거를 필요로 하는 실수요자다. 실수요자 없이 투자자만 가지고 시장을 끌고 갈 수 있다고 하면 큰 오산이다. 부동산 시장에서의 투자자는 투자 여건이나 시장의 투자 환경의 변화에 따라 움직이는 수요, 즉 변수에 불과하다. 이미 알고 있듯 공급이 많은 도시는 투자자가 할 수 있는 것이 별로 없다. 아예 들어가는 것 자체를 꺼려 한다. 그래서 투자자가 시장을 끌고 갈 수는 없는 것이다.

　또 투자자가 내놓은 물건은 반드시 실수요자가 받아주어야 된다. 어떻든 투자자가 내놓는 물건은 실수요자에 의해 하나의 전세, 월세 수요가 사라지는 것이다. 결국 투자자는 투자 리스크를 안고 선진입하거나 실수요자들과 시장에 혼재해 들어가는 수요이지, 시장의 주체가 될 수는 없다. 다만 상승장 시작의 마중물 역할을 하는 수요다. 그래서 투자자를 받쳐줄 실수요자가 부족하면, 전세를 받아주지 못하거나 매수 수요 부족으로 가격이 떨어지는 것이다. 이렇기 때문에 투자자는 실수요자의 범위를 넘는 수요 이상 투자를 할 수가 없다.

　그럼 심리는 시장을 끌고 가는 힘이 있을까? 수없이 발표되는 정부의 규제 정책이나 완화 정책들은 부동산 심리에 바로 영향을 주게 된다. 심리가 시장의 주체라면 정부의 규제 정책이나 완화 정책만으로도 시장은 상승하거나 안정이 되어야 한다. 하지만 실상은 그렇지 않다. 정부의 정책과 무관하게 시장은 상승하기 때문이다. 또 규제를 풀어도 좀처럼 매매가격이 살아나지 않는 시장도 있다. 이처럼 시장의 주체는 투자자도, 심리도, 정부도 아니다.

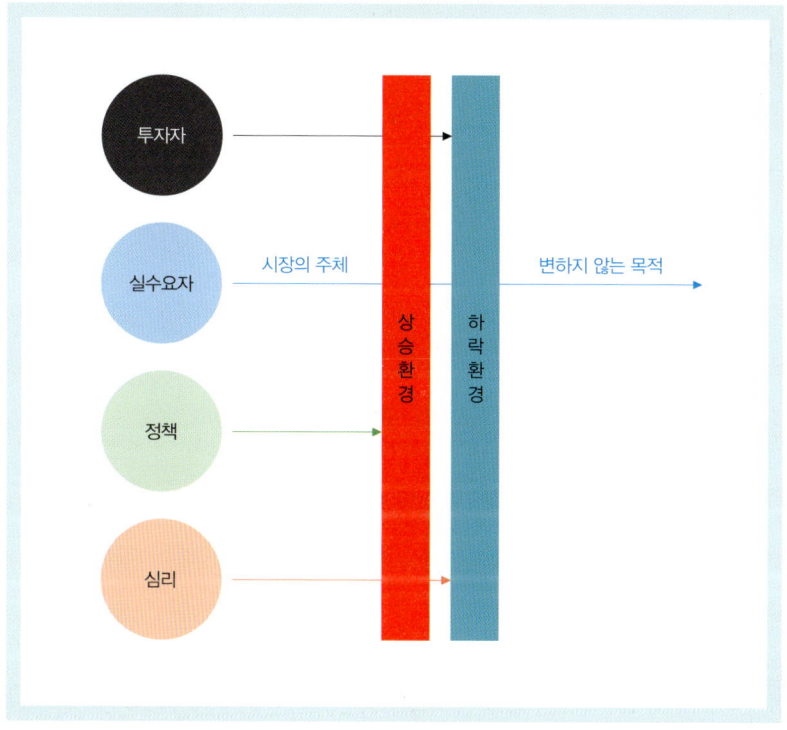

[자료 37] 실수요자는 하나의 목적을 가지고 움직이는 수요이고, 투자자, 정책, 심리는 목적에 따라 수시로 변화하기에 주체가 될 수 없다

시기에 따라 생각이 바뀌는 사람들이 있고, 주거의 본질이 바뀌지 않는 사람이 있다. 주거를 위해 집을 사려는 마음이 바뀌지 않는 사람들은 결국 실수요자들이다. 실수요자들은 언젠가는 매수할 사람이

고, 이 사람들의 근본 생각은 바뀌지 않는다. 다만 시기에 따라 빨리 시장에 참여하느냐, 늦게 참여하느냐의 차이일 뿐이다.

    시장의 주체는 실수요자이고, 실수요자가 '내 집 마련'이라는 궁극의 목표를 달성하고 나서야 시장은 비로소 끝이 난다. 끝나는 시점은 충분한 공급을 만났을 때다. 결국 시장을 끌고 가는 주체는 정부도, 심리도, 투자자도, 유동성도 아닌 오직 실수요자인 것이다.

공급(입주물량)은
어디까지 시장에 영향을 미치는가?

한 도시에 공급(입주)물량이 얼마나 공급되느냐에 따라서 가격에 절대적으로 영향을 미치게 된다는 사실은 독자 여러분도 이미 어느 정도 알고 있을 것이다. 그러나 어느 정도의 공급량이 몇 년까지 영향을 주는지, 또 누적해서 공급되는 양과 공급된 시간은 더 살펴볼 문제다. 즉 입주한 1년 동안 영향을 주는 입주물량과 입주 후 1년이 지난 시점, 그리고 2년이 지난 뒤 나오는 매도물량과 또는 전월세 매물이 현재 시점에 영향을 어느 정도 줄 것이라고 예상해볼 수 있다.

현재 입주물량뿐 아니라 미리 공급된 입주예정 물량 또한 시장에 영향을 미친다. 단순하게 한 해 입주물량이 그해에 영향을 주고 끝난다고 생각하면 쉽게 시장을 분석할 수 있다. 하지만 실제 입주물량으로 시장의 방향을 분석해보면 그렇게 간단하지 않다. 그만큼 입주 후에도 미리 입주한 아파트의 매도물량이나 입주 예정인 물량이 앞뒤로 영향을 주고받기 때문이다.

그렇기 때문에 하나의 입주물량 통계가 보여주는 것 외에 다른 통계들을 유기적으로 같이 봐야 분석이 가능하다. 입주물량이 많아지고 한계 수요를 넘게 되면, 수요를 찾지 못한 입주물량들의 전세가격은 떨어지고, 떨어진 전세가격은 다시 매매가격에 하락 압력을 준다. 매매가격의 하락은 다시 주위의 분양권들을 자극하게 되고, 한계 수요가 넘은 곳에서는 다시 미분양이 증가한다. 그해 입주하는 물량과 현재 분양하는 아파트, 그리고 입주 예정인 물량까지 서로 연관되어 시장에 영향을 주게 되는 것이다.

부산을 예로 들어 보자. 부산의 한계 수요는 2만 3,000세대에서 2만 4,000세대로 볼 수 있다. 이를 기준으로 시장이 어떻게 가격으로 반응하고 변화하며, 입주물량 전후의 변화로 어떻게 연결되어 나오고, 어디까지 영향을 받는지 확인해보자.

[자료 38]을 보면 2001년의 입주물량은 1만 4,651세대이고, 2002년 입주물량은 1만 9,384세대다. 이때의 매매가격은 각각 13.7%, 16.01% 상승하고, 전세가격은 15.58%, 15.69% 상승한다. 그럼 2001년과 2002년은 한계 수요가 넘어서 입주 예정인 2004년과 2005년의 영향권에 없었다고 할 수 있다.

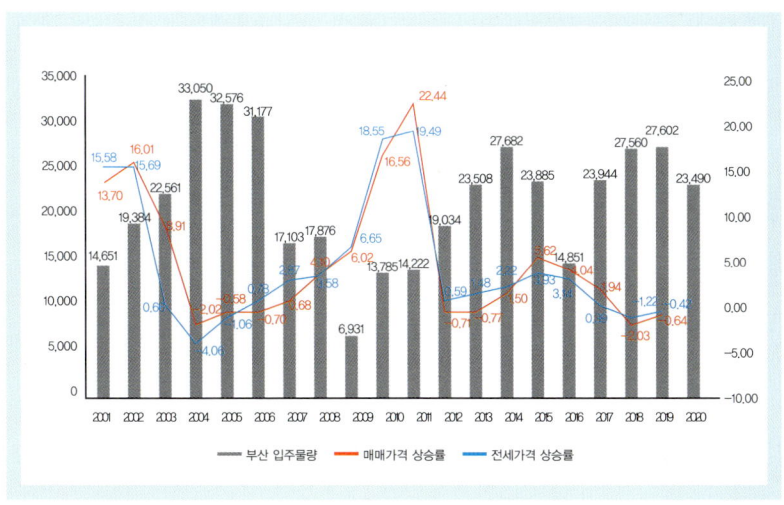

[자료 38] 입주물량 & 매매가격 상승률 & 전세가격 상승률(부산)   출처 : KB 부동산

    그런데 2003년부터는 좀 다르게 움직인다. 매매가격은 8.91% 상승했지만, 전세가격은 0.66%로 거의 상승하지 못하고 있다. 투자 수요가 없는 전세가격의 움직임으로 공급의 영향을 받고 있다고 할 수가 있다. 2003년의 경우 매수 수요에 의해 매매가격은 상승시켰지만, 실수요자인 전세 수요가 한계에 왔다는 것은 상승하지 못하는 전세가격을 보여주는 것이다. 한계 수요를 넘어서 입주물량에 의해 가격의 영향을 받고 있다는 첫 신호일 가능성이 크다. 그 시기에 미분양 물량은 2003년에서 2004년 사이에 3,657세대에서 6,895세대로 증가하는 것을 확인할 수 있다. 수요의 한계로 인해 미분양 증가도 예측해볼 수 있다.

2004년의 입주물량은 3만 3,050세대, 2005년에는 3만 2,576세대, 2006년에는 3만 1,177세대다. 이때 매매가격 상승률은 각각 -2.02%, -0.58%, -0,70%로 한계 수요를 넘으면서 하락을 보이고 있다. 전세가격 상승률 또한 2004년 -4.06%, 2005년 -1.06%, 2006년 0.78% 상승률을 보인다.

즉 2003년에 전세 영향을 받고, 2004년부터는 직접적인 매매와 전세, 입주물량이 영향을 준 것이다. 그래서 그해의 입주물량과 다가오는 2년 차까지의 입주물량이 가장 큰 영향을 주고받는다는 것을 알 수 있다.

이후 2006년에는 다시 전세가격이 상승 반전했고, 2007년에 전세 상승률은 2.87%로 상승하며 다시 매매가격도 상승 반전시킨다. 2007년의 입주물량은 1만 7,103세대로 한계 수요보다 적다. 2008년은 금융위기라는 외부 위험이 있음에도 불구하고, 전세상승률은 3.58%, 매매상승률은 4.10%를 기록한다.

가격 상승률의 결과를 놓고 보면, 다가오는 3년 차 입주물량까지 가장 많이 영향을 주고받고 있는 것을 알 수 있다. 그해 입주물량이 전세가격에 가장 먼저 영향을 주고, 그해부터 누적해서 3년 차 입주물량이 예정되어 있을 경우, 매매가격도 영향을 받는 것으로 보인다. 이 점을 참고해서 당해 연도에 입주물량의 영향을 어떻게 받고 있는지 파악해야 할 것이다.

첫 번째 가격 상승은 누가 만드나?

첫 번째 가격 상승의 시작은 실수요자일까? 투자자일까? 아니면 정부 정책의 효과일까? 상식적으로는 입주물량이 가격의 상승을 만든다. 하지만 이는 표면적인 것이고, 상승을 시킬 수 있는 환경을 만들어 놓았다라고 하면 맞을 것이다. 입주물량이 부족한 환경은 상승할 수 있는 확률이 높은 것이고, 또 입주물량이 많으면 하락으로 갈 확률이 높은 것일 뿐이다. 그렇다면 부동산 침체기에서 회복기에 들어가는 시점에 상승의 시발점은 무엇이며, 누가 상승장의 불꽃을 붙여 상승장을 만들어가는 것일까?

어떤 도시에서 부동산 호황기를 지나 후퇴기, 흔히 말하는 하락장에서는 매수심리가 많이 죽어 있다. 부동산에서 주거의 특성과 함께 가장 큰 선택을 좌우하는 것은 자산 가격의 상승과 하락이다. 자산 가격이 상승하지 않으면 매수로 선택하려고 하지 않는 것이 일반적이다.

상승의 첫 시점을 여러 경우로 이야기하고 있지만, 첫 번째 조건은 입주물량이 적어야 된다. 또 예정된 입주물량이 누적해서 적어야 상승환경이 훼손되지 않는다. 이러한 환경에서 투자자의 시장에 참여할 수 있게 규제를 풀거나 부동산 자산 가격의 하락을 막아야 한다는 정부의 의지가 시장 정책으로 들어가면, 시장은 움직일 가능성이 많다. 즉 촉매제가 되는 것이다. 이러한 조건에서 시장의 실수요자와 투자자가 공급이 축소된 환경에서 만나면, 상승의 시작점은 매우 빠르고, 강하게 나타난다.

정부의 도움이 없을 경우 시장은 투자자나 심리적인 도움 없이 실수요자에 의해서 수급만으로 천천히 움직이게 된다. 그래서 자산 가치의 하락을 막기 위해서나 부동산 경기를 활성화하기 위해서는 정부의 역할이 매우 중요하다. 불황을 겪는 부동산 시장의 규제를 풀어서 시장에 에너지를 넣어 주는 것도 정부의 역할이다. 세제 혜택을 통해 수익을 보장해줌으로써 투자자를 끌어들이는 방법으로 수요를 움직이게 할 수도 있다.

또한 실수요자들은 전월세로 가는 금융비용보다 매수가 더 좋은 금융환경일 때는 매수 수요로 참여한다. 즉 대출이자와 전월세 사이에서 대출이자 비용이 더 저렴하면, 전월세 대신 매수를 선택해 시장에 참여한다. 이러한 조건들이 맞아질 때 시장은 저가매물이 팔린 뒤

정상적인 매물들이 거래되면서 매매호가가 올라가고, 상승가격으로 이어지게 된다. 2008년 이후 상승장의 흐름을 보면 침체된 시장에서 상승의 시작점을 확인해보는 것만으로도 상승의 주체가 무엇인지 알 수 있다.

지난 2008년 금융위기에서 정부는 지방에 규제를 먼저 풀고, 미분양 대책의 일환으로 5년 비과세 물건들을 매수할 기회를 주었다. 그 결과 미분양이 줄어들고, 투자자가 움직이며, 시장 상승의 불꽃을 붙였다. 하지만 이것도 선행 조건은 입주물량이 적어야 한다는 점이다.

2013년에도 정부는 서울 수도권과 지방에 공히 비과세 혜택을 받을 수 있는 물건을 매수할 기회를 주었다. 매수자와는 상관없이 매도자가 1가구 1주택일 경우 5년 동안 한시적인 양도세 비과세로 투자할 기회가 주어졌다.

이렇게 시장의 침체기에 금융지원이나 세제혜택을 통한 인위적인 부양책이 공급과 맞아떨어질 때 상승의 시발점이 될 수 있다. 지난 상승장에서는 지방에 먼저 풀어진 규제 완화와 공급 감소가 만났던 부산, 대전이 2009년부터 가장 먼저 상승을 했고, 입주물량이 많았던 대구는 가장 늦게 2011년부터 상승을 했다.

최근에는 투자의 패턴을 보면 상승장 초기에 들어가는 투자자들이 많다. 이들 투자자가 만들어내는 상승의 불꽃이 공급 환경과 만나고, 다시 실수요자들이 참여하면서 첫 상승의 시발점일 가능성이 매우 높다. 투자자가 들어가도 공급이 많으면 가격 상승이 어렵고, 정부가 정책을 내놔도 역시 공급이 많으면 상승이 어렵다. 결국 공급으로 만든 상승환경이라면 실수요자든, 투자자든 누가 먼저 움직여도 상승하게 된다. 이러한 상승환경에서 정부의 정책 도움이 있다면 상승장을 더욱 촉발하는 요인이 될 수 있다.

가격의 변동성과 추세

변동성이라는 것은 가격이나 가치가 변하는 정도나 양을 말한다. 쉽게 말하면 상승률과 하락률이라고 생각하면 된다. 변동성이 큰 상품은 상승과 하락의 변동폭도 크다. 상품의 가치 변화도 있지만, 부동산은 대부분 환경에 따라서 변동성이 달라지고, 변동의 폭도 달라진다.

추세는 한쪽 방향으로 전진하는 힘이다. 부동산에서는 상승기간을 상승추세, 하락기간은 하락추세라고 말한다. 따라서 부동산에서 변동성과 추세는 하나의 사이클로 해석할 수도 있다. 다시 말해 상승의 변동성이 이뤄지는 구간과 하락의 변동성이 만들어지는 구간을 한 사이클이라고 한다. 수급에 의한 상승추세라면 수급이 맞지 않는 구간이 생기는 2~3년 정도는 추세가 이뤄지게 되는 것이 일반적인 논리다.

대부분의 변동성은 어떤 변수를 만나는가에 따라 조금씩 달라진다. 상승장에서 호재를 만나면 크게 반응해 상승폭을 높이게 되고, 규제 정책이 있으면 상승의 변동폭을 흡수해 변동의 폭이 낮고, 작아진다. 하락장에서는 이와 반대다. 그래서 변동성은 방향을 바꾸지는 못하고, 높고 낮음을 결정하는 것이라고 할 수 있다.

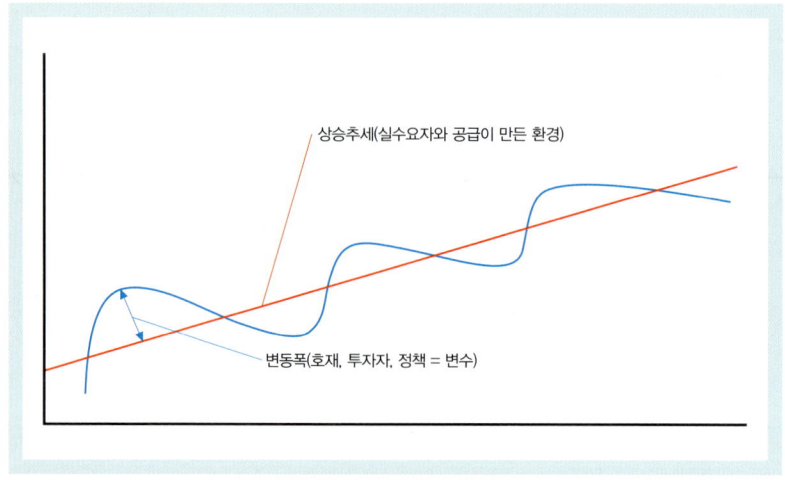

[자료 39] 실수요자와 공급이 만든 상승과 하락의 환경(추세)에서 변수에 따라 변동폭은 달라진다

부동산 상승장의 변동성 중에 가장 큰 변수는 호재와 투자자다. 하락장은 규제 정책과 IMF, 금융위기 같은 외부 위기다. 그래서 부동산의 추세와 변수의 합이 만들어낸 변동성이 그해의 시장 전망이다.

실제로 한 해 몇 % 상승한다는 것을 맞추는 것은 신의 영역이다. 다만 그해 상승과 하락 여부와 관계없이 부동산 시장을 예측할 때 가장 많이 사용하는 방법 중 하나가 추세다. 한 해의 변수로 인해 상승폭은 작아졌더라도, 추세만 살아 있으면 다음 해에 다시 상승할 가능성이 매우 높기 때문이다.

한 사이클(상승장과 하락장)에서 상승추세와 하락추세는 입주물량에 가장 큰 영향을 받는다. 추세의 길이는 도시의 규모와 공급량 또는 하락장에서 만들어 놓은 잠재 수요에 의해서 짧아질 수도, 길어질 수도 있다.

대부분 수급으로 상승한 도시들의 상승길이는 2년에서 3년은 기본으로 간다. 이는 상승장에서 첫 번째 공급을 만들어내는 시차까지(분양에서 입주) 상승을 하기 때문이다. 도시의 규모가 작을수록 상승 길이는 짧아질 가능성이 많다. 이는 한 도시가 가지고 있는 수요의 크기와 비슷하기 때문이다. 수도권과 같이 2,500만 명이 거주하는 도시라면, 상승추세는 상당히 길게 갈 수 있는 수요가 내재되어 있다. 광역시급 규모의 도시 또는 중소 도시일수록 상승추세의 길이는 점점 짧게 가는 경우가 많은 이유가 이러한 도시 내부에 가지고 있는 수요의 크기가 다르기 때문이다.

도시의 규모가 클수록 가격이 움직이는 것을 보고, 뒤늦게 시장에 참여하는 수요도 많다. 이렇게 뒤늦게 참여하는 잠재 수요로 인해 시장의 상승추세는 길어진다. 규모가 작은 도시들은 수요의 크기도 작고, 공급에 의해서 수요가 빨리 흡수되기에 긴 상승이 어렵다.

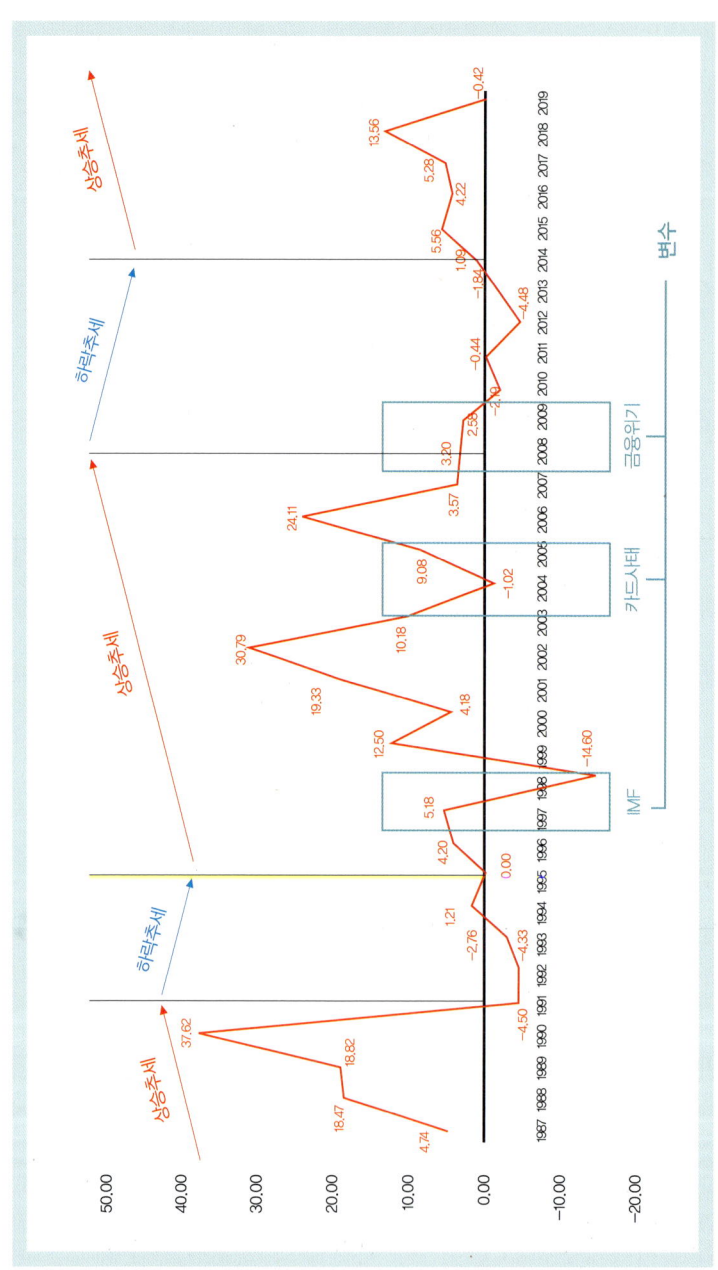

[자료 40] 매매가격 상승률(서울)

출처 : KB 부동산

변수가 추세를 이길 수 없다. IMF, 카드 사태, 금융위기, 정책 등 수많은 변수도 모두 추세로 귀결된다

154 부동산 투자 인사이트

한 도시에 거주하는 사람들이 상승에 대한 정보가 모두 전달되어 행동하는 데까지는 많이 시간이 반영되어야 한다. 이 때문에 추세의 길이는 도시마다 조금씩 다르다. 정리하면 도시 규모가 큰 도시는 추세의 영향을 많이 받고, 도시가 작을수록 한 해 입주물량의 영향을 크게 받는다.

[자료 40]을 보면 서울 아파트의 가격 상승은 1996년에 상승으로 들어가는 과정에서 IMF라는 외부 변수가 들어온다. 이로 인해 상승 추세는 한 타임 뒤로 밀리게 된다. 그리고 1999년부터 다시 상승했고, 2004년은 카드 사태 변수로 또 한 타임 쉬어간다. 이후 2007년까지 상승해 12년 가까운 상승추세를 보여주었다.

하락추세가 시작된 것은 2008년에 금융위기 변수가 들어왔을 때이고, 그다음 해인 2009년 가을부터 본격적인 하락추세로 전환된다. 2008년부터 2014년까지 6년 동안은 추세적으로 침체와 하락기간이었다. 그러다가 2015년을 기점으로 2018년까지 상승방향으로 추세가 형성되고 있다. 이처럼 규모가 큰 도시들은 내부의 잠재 수요로 인해 추세가 길게 형성될 가능성이 매우 높다. 그렇다면 인구 100만 명이 안 되는 소규모 도시들은 어느 정도로 추세상승을 하고 있는지 살펴보자.

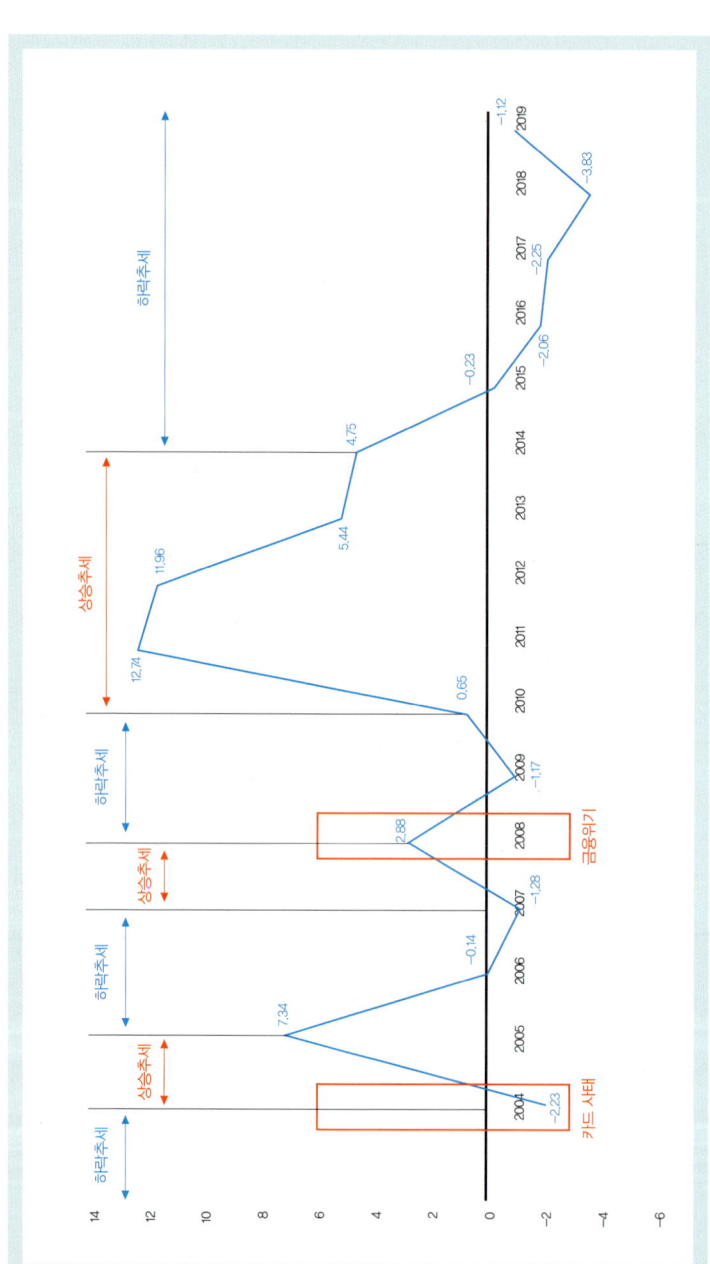

[자료 41] 아파트 매매가격 상승률(천안)
인구가 작은 도시일수록 내부에 잠재된 수요가 적어서 추세보다는 한 해 입주물량에 영향을 크게 받는다

출처 : KB 부동산

156 부동산 투자 인사이트

규모가 작은 도시일수록 내부에 쌓아놓은 에너지, 즉 잠재 수요가 작기 때문에 추세보다는 그해 입주물량에 영향을 많이 받는다. [자료 41]에서 보듯 상승길이도 짧고, 하락길이도 짧다. 천안은 내부 수요가 작기 때문에 입주 리스크는 상대적으로 커진다.

서울, 천안 두 도시만 비교해도 도시 규모와 공급량에 따라 추세의 길이가 다른 것을 볼 수 있다. 추세 안에서 일어나는 변동성의 폭은 변수에 의해서 결정되며, 추세는 도시의 규모와 공급량에 의해 결정된다. 따라서 예측이 불가능한 변수로 움직이는 변동성을 예측하는 것보다 미리 알 수 있는 공급량으로 추세를 예측하는 것이 더 좋은 투자다. 추세를 알면 한 해의 예측을 넘어서 더 길게 예측할 수 있고, 대응할 수 있다. 결국 예측이 되지 않는 변수와 가격의 변동성에 집착하는 것보다는 추세를 아는 것이 더 효과적이다.

상승추세와 하락추세

　상승추세나 하락추세가 만들어지면 다시 반전하기는 쉽지 않다. 한번 만들어진 상승추세는 공급이 수요를 충분히 흡수하기 전까지는 유지하게 된다. 하락추세도 마찬가지다. 공급이 충분히 줄어들어야 하락이 멈춘다.

　자전거를 예로 들어 보자. 바퀴를 힘차게 돌리면 일정 거리까지 움직이는 추세가 만들어지고, 그 추세는 한 방향을 유지한다. 앞으로 가는 방향은 충분히 힘이 빠져야 정지하듯 주택 시장도 이와 비슷하다. 다만 수요와 공급에 의해서 작동하는 차이가 있을 뿐이다.

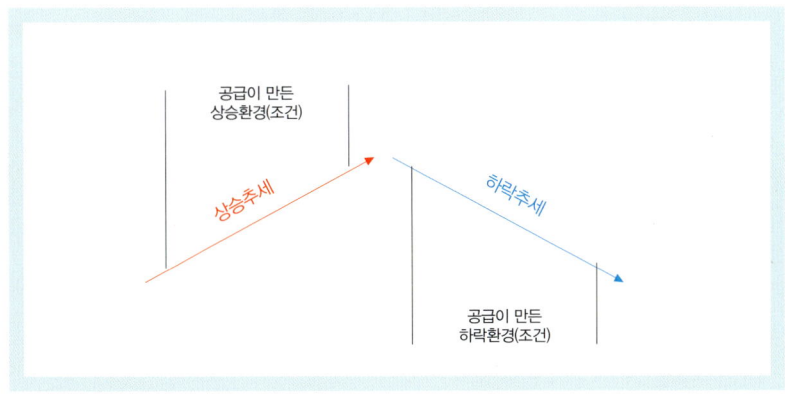

[자료 42] 상승추세와 하락추세

주택 시장에서 한번 만들어진 상승추세나 하락추세는 일정 시간 동안 방향을 바꾸지 않고 진행된다. 특히 대세 상승장이 만들어지면, 그동안 잠재된 수요가 시장에 참여하게 되고, 또 투자자와 유동성이 다시 시장에 들어오기도 한다. 이렇게 들어온 투자자와 유동성의 힘에 의해서 에너지가 증폭되어 시장은 더욱 추세에 힘을 실어주게 된다. 상승의 시작점이 정부의 도움이었든, 투자자가 시발점이 됐든, 추세를 유지하는 가장 큰 원동력은 실수요자들이다. 하락의 시점도 비슷하다. 실수요자들이 충분한 공급(입주)으로 인해 매수 에너지가 흡수되며, 또 지속된 분양은 예비 실수요자까지 빨려 들어가게 해서 하락추세는 한동안 지속된다.

앞서 이야기했듯 보통 수요와 공급의 불일치로 만들어낸 상승추세는 평균 2년에서 3년 지속된다. 여기에 추가로 잠재 수요에 따라서 도시마다 짧게는 3년, 길게는 5년에서 7년 정도의 긴 상승장을 만들게 된다. 공급(입주)으로 만들어낸 하락추세는 공급이 멈출 때까지 지속적으로 유지된다. 이러한 상승구간과 하락구간을 합쳐서 흔히 한 사이클이라고도 말한다.

이러한 추세를 모르게 되면 일시적인 변수에 의한 멈춤인지, 지속적인 하락으로 들어가는 구간인지 구분하기 힘들다. 대부분 상승구간을 지나가는 과정에서 일정한 시간의 흐름 중간에 과공급 구간을 접하게 되는 경우가 많다. 이 과공급이 일시적인 하락구간인지, 아니면 추세가 반전해 하락으로 가는 구간인지 구분하기 힘들어지는 것이다.

상승추세와 하락추세가 도시마다 어느 정도 유지되고, 끝나는지 알아야 투자에서 매수시점과 매도시점을 어느 정도 예측할 수 있다. 앞서 이야기했듯 변곡점을 일으키는 3년 차의 한계 수요가 접하는 시점에서 추세가 반전될 가능성이 가장 많다. 공급으로 인한 추세상승과 추세하락은 투자자라면 반드시 알아야 할 부분이다.

과거의 부동산 환경과
현재 공급되는 부동산 환경의 충돌

한 도시의 부동산은 오랜 역사적인 배경이 그 도시 속에 고스란히 담겨 있다. 오래된 도시일수록 도시가 만들어 놓은 환경이 우리의 삶이나 주거에 많은 영향을 주게 된다. 짧게는 몇 년, 길게는 수십 년의 시간을 거쳐 만들어 놓은 도시를 현재의 우리가 보고, 느끼며, 경험하는 것이다. 이는 그 도시의 구조적인 이유에서 생겨난 여러 주거 형태와 도시 공간을 활용하는 것이라고 할 수 있다. 교통과 학군 등이 대표적인 예다.

또 최근 새 아파트에 대한 높은 인기는 과거에서 만들어 놓은 환경이 원인이라고 볼 수 있다. 도심 노후화로 인한 양질의 주거 환경을 원하는 수요들이 생겼기 때문이다. 도심 노후화는 현재의 공급물량과 노후주택에 거주하는 이동 수요들까지 만나게 되어 가격에 더 많은 영향을 준다.

또 다른 것이 있다면 소득이다. 현재 소득이 자산으로 축적되어 부동산 시장에 투자로 나오는 경우도 있으며, 소득의 증가는 높은 주거 수준을 원하는 수요를 증가시킨다. 이러한 이유들이 과거에서 만들어진 환경이다. 즉 소득 대비 주택 가격(PIR)의 정도가 낮다면, 과거에서 지금까지 만들어진 현재의 소득과 주택 가격의 환경이라고 할 수 있는 것이다. 이렇게 과거에서부터 만들어진 내부 수요들은 상승의 에너지 역할을 하게 된다.

이러한 내부 수요들이 공급과 만나서 지금 이 시점에도 계속해서 부동산 상승과 하락의 환경을 만들고 있다. 과거에서부터 만들어진 환경의 대표적인 것이 주택 노후화와 PIR이라면, 현재에 가장 크게 영향을 미치는 것은 입주물량이다.

입주물량이 현재에 영향을 미치는 이유는 입주물량에 따라 매매가와 전월세가가 상승하거나 하락하는 등 현재의 시장에 영향을 미치기 때문이다. 만약 누적해서 공급량이 많았다고 하면, 안정적인 전세나 빠른 시간 내 입주를 완성시킬 수 없다. 반대로 공급량이 지속적으로 부족해서 내부 수요가 있다면, 빠른 시간 내에 입주를 완성시킬 수 있다. 이처럼 과거에 만들어 놓은 환경인 주택 노후화와 소득의 증가 및 현재의 입주물량이나 투자자 등의 환경이 끊임없이 부딪치며 부동산 환경에 영향을 미친다.

2017년 문재인 정부가 들어선 뒤 각종 규제에도 불구하고, 서울 수도권은 초반 상승세가 잘 꺾이지 않았다. 여러 이유가 있겠지만 정부가 사용하는 규제 정책 중 지금 바로 시장에 영향을 줄 수 있는 것은 금융 정책밖에 없었기 때문이다. 공급 정책은 바로 사용할 수 없는 정책이다. 공급은 미래에 입주가 될 때 효과를 볼 수 있는 정책이다. 미래의 정책으로 현재 시장의 상승을 잡을 수 없기에 현재 시장에는 금융 규제로 압박하고, 장기적으로는 공급 정책으로 끌고 가려는 정책을 취하는 것이다.

그렇지만 지금의 정책은 거의 대부분 대출 규제와 같은 금융 규제이고, 투자자에 대한 규제 정책이다. 이러한 대출 규제가 시장 초반에 잘 먹히지 않는 것은 실수요자들이나 투자자들은 과거부터 준비한 자산(자금)을 사용하고 있기 때문이다. 따라서 현재의 대출 규제는 큰 힘을 발휘하지 못하게 되는 것이다. 이러한 준비 자금들은 2008년부터 서울 수도권이 하락했기에 이때부터 실수요자들이 매수에 참여하지 않았다고 가정하면, 2008년 이후의 저금리와 유동성 증가로 축적된 준비된 자금들이 지금 시장에 나오고 있다고 할 수 있다. 이렇게 많은 금융 규제로도 시장이 하락되지 않는 것은 이와 같은 이유일 가능성이 많다.

'강남 아파트 매입 대출의존도 4.8%', '17억 원 강남 아파트 구매자 79% 대출 한 푼도 안 받았다'

2018년 9월경 언론 기사들 제목에서 보듯 금융 규제는 현재의 정책이고, 매수자는 과거부터 준비한 자금을 사용하는 것이다. 그리고 지금도 지속해서 주거 부동산 시장에 영향을 주는 환경은 주택 노후화다. 이는 시간이 지나면 지날수록 주택 노후화로 인해 이동해야 될 수요들이 에너지로 쌓여 도시마다 새로운 부동산 환경이 또 하나 만들어지게 된다.

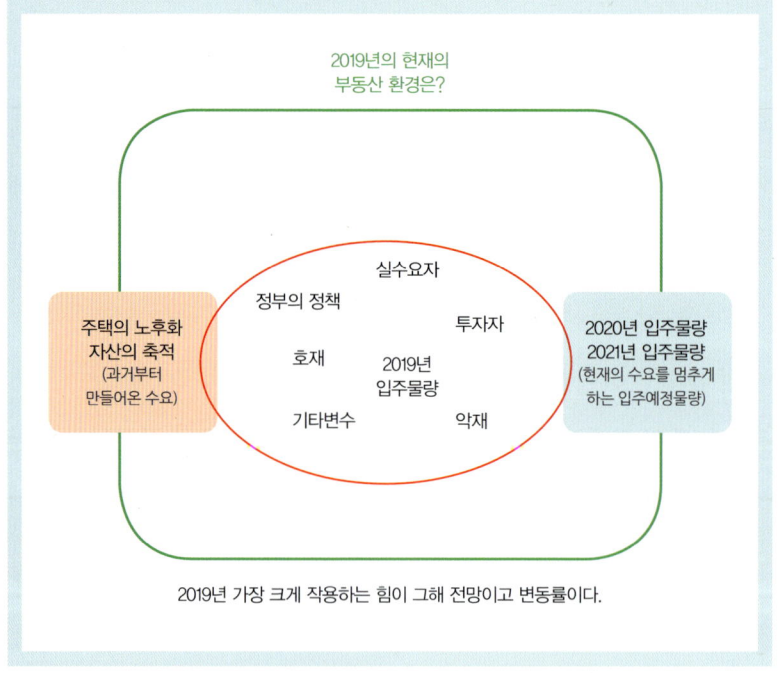

[자료 43] 과거의 부동산 환경과 현재의 환경과 충돌

이 주택 노후화 중에서 아파트의 경우는 그 뿌리가 지난 1기 신도

시 200만 호 입주가 시작한 1991년이다. 이 시점부터 시장에 영향을 주게 된 시기는 20년 차 되는 2011년이다. 2011년도부터 광역시급 대도시의 경우 대부분의 도시들이 주택 노후화로 구도심을 중심으로 해서 직접적인 영향에 들어서고 있다. 2019년은 1기 신도시가 28년 차로 들어가는 시점이다. 구도심의 주택 노후화로 인한 재건축 재개발은 또 다른 수요의 한 축으로 들어오게 된다.

이와 같이 주택 시장은 현재의 수요와 공급, 과거에서부터 만들어 놓은 환경, 정부 정책의 영향 등 가격에 영향을 미치는 여러 요인들이 혼재되어 있다. 한 도시가 가지고 있는 주거 부동산 환경에서 지금 가장 큰 영향을 주고 있는 것이 무엇인지 찾는 것도 투자자의 몫이다. 시장은 끊임없이 변화하고, 그 변화를 찾는 것 또한 투자자가 할 일이기 때문이다. 그래서 공급이 작은 환경에서 어느 하나의 요소가 부동산 가격을 상승시키고, 가격을 결정짓는다고 단정 지을 수는 없다.

한 해 또는 짧게는 한 달이라는 시간 안에서 가격 상승과 하락의 인과관계가 달라진다. 가격 상승과 하락은 어떤 변수를 만나서 그 결과로 가격이 결정되는 것이다. 누구는 호재가 상승의 원인이라고 하고, 어떤 사람은 입지라고도 한다. 또 투자자라고도 하며, 심리라고도 한다. 정리하면 시장은 도시가 가진 본연의 부동산 환경과 현재 영향을 가장 많이 주는 공급으로 만들어진 환경이 끊임없이 충돌해서 만들어지는 것이다.

*상승과 하락, 그 변화의 시그널

　부동산 시장의 상승과 하락은 우연히 찾아오는 것이 아니다. 정부 정책으로 인한 인위적인 상승이나 하락은 오래 유지되지 못한다. 앞서도 말했듯 변곡점이 발생하는 시점은 3년 누적공급량이 가장 크게 영향을 받는다. 하지만 수도권과 지방 소도시의 경우는 다른 원인에 의해 변곡점이 발생하기도 한다. 변곡점이 발생하는 것과 비슷하게 다른 통계들의 변화가 일어나게 된다. 이러한 시그널을 통해서 우리는 상승과 하락의 변화를 알 수가 있다.

　이처럼 부동산 시장의 상승과 하락방향도 정부가 인위적으로 정할 수 없다. 가격 상승과 하락의 방향 모두 시장 안에서 결정된다. 상승의 시그널에서는 많은 사람들이 매수에 참여할 수밖에 없는 환경이거나, 전세나 월세 거주에서 그 한계선을 넘어 매수로 넘어 와야 된다. 이러한 특성들이 나타나는 주된 원인은 주택 시장이 주거의 본질에서 크게 벗어나지 못하기 때문이다.

상승의 시그널	항목	하락의 시그널
한계 수요 적은 공급이 3년 누적	공급	한계 수요 넘은 공급이 3년 누적
전세수급 상승	전세	전세수급 하락
전세가격이 상승	전세	전세가격 하락
매매거래량 증가	매매	매매거래량 감소
미분양 감소	미분양	미분양 증가
매수우위지수 상승	매수우위지수	매수우위지수 하락
평균 전세가율 75%~80%		자가 보유율 3%~4% 상승

[자료 44] 상승과 하락 그 변화의 시그널

매매를 통한 주거를 해결하지 못할 경우 대체제인 또 다른 주거 형태(빌라, 오피스텔 등)의 가격 상승으로 이어지고, 아니면 전세, 월세가 상승하게 된다. 이는 주거라는 대체제를 찾아 움직이기에 어떤 형태로든 시장에 영향을 주게 된다. 만약에 공급부족으로 대체제가 한계에 오게 되면, 어느 순간 매매가격으로 전환된다. 이렇게 전환되는 과정에서 시장은 여러 가지 시그널로 알려주게 된다. 하락하는 시장에서 상승하는 시장으로 넘어가는 시점의 부동산 시장은 암울하다. 1997년 IMF 시기도 그랬고, 2008년 금융위기 때도 비슷했다. 매수심리는 죽어 있고, 집을 사면 안 된다는 생각들이 팽배했던 시기다. 하지만 이러한 주택 시장의 암울한 분위기 속에서도 누군가는 거주를 해야 하고, 또 다른 누군가는 집을 산다. 이렇게 상승하기 전에 매수 심리가 죽고, 공급이 충분하지 않은 상태에서는 사람들이 전세나 월세로 선택하면서 전월세 가격이 올라간다. 공급이 충분하지 않아도 거주의 본질은 바뀌지 않으므로 주거 방법의 선택만 달라진 것이다.

특히 누적해서 공급이 되지 않으면 기존 매물들이 자연스럽게 줄어든다. 이로 인해 전세수급에 문제가 생겨 전세가격이 올라가게 되고, 전세가율도 상승한다. 전세가격의 상승과 함께 월세 임대료까지 올라가면, 전세와 월세 거주 비용을 비교하게 된다. 결국 비용이 큰 쪽을 포기하고, 시장에 매수 수요로 참여하게 된다.

이렇게 주거비용의 증가와 매물의 감소 등 시장에 수요 압력이 급격하게 높아지면, 자연스럽게 매수세로 참여하게 되어 매수 수요가 살아나게 한다. 살아난 거래량은 다시 매물을 감소시키며 상승을 부추긴다.

상승시점이 다가올수록 실수요자들로 인한 지표 변화가 있고, 모든 통계 지표들이 한계점을 넘어서며 가격 상승의 시그널을 주게 된다. 이와 반대로 하락의 시그널 또한 실수요자들의 에너지를 충분한 공급으로 흡수하게 되면, 시장은 하락으로 가게 된다. 그 과정에서 전세수급과 전세가격이 떨어지고, 미분양은 증가하며, 심리지수도 하락한다. 또 거래량도 감소한다. 이러한 통계 지표들이 일제히 하락하며, 가격 하락의 시그널을 보내는 것이다.

상승의 시그널은 다음과 같은 통계들이 움직이고 있을 때 상승 가능성이 높아진다.

첫째, 3년 연속 누적해서 공급이 부족해야 된다.
둘째, 공급부족이 전세 부족으로 이어져 전세수급지수가 상승한다.
셋째, 전세가격이 상승한다.
넷째, 매수우위지수가 상승한다.
다섯째, 매매거래량이 증가한다(1년 동안 누적된 거래량 증가).
여섯째, 미분양이 감소한다.

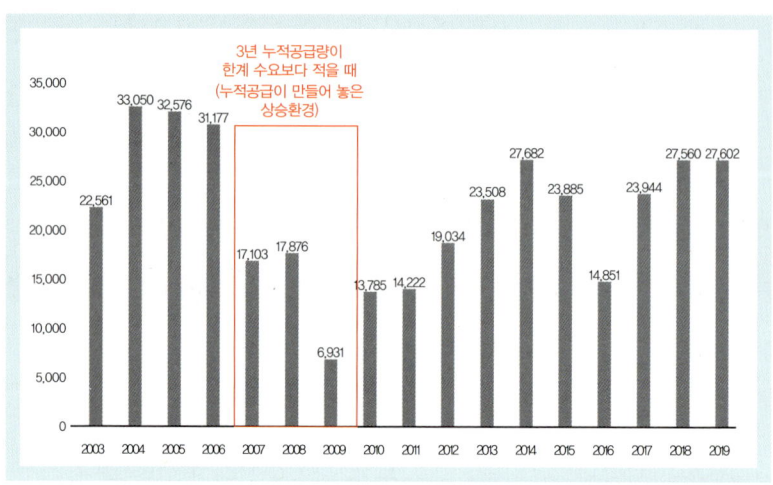

[자료 45] 연도별 입주물량(부산)

부산을 예로 들어 보자. 첫째, 3년 연속 누적해서 공급이 부족하다는 것은 실수요자들이 선택의 폭이 굉장히 제한되어 있기 때문에 매매로 전환될 가능성이 많다는 것을 의미한다.

부산은 2004년부터 2006년까지 매매가격이 하락하는 구간이다. 부산의 한계 수요를 2만 3,000세대로 봤을 때 2004년에는 3만 3,050세대, 2005년 3만 2,576세대, 2006년 3만 1,177세대가 입주하는 구간의 가격은 하락구간이다. 각각 2004년 -2.02%, 2005년 -0.58%, 2006년 -0.70% 가격이 하락한 시기다. 하락 이후 2007년에 들어서 공급량, 즉 입주물량은 1만 7,103세대까지 떨어진다.

입주물량이 작아지면 실수요자들이 매매, 전세, 어디로 이동하든, 한쪽은 가격이 상승하게 된다. 2007년을 기준으로 보면 3년 차인 2009년까지 입주물량이 한계 수요보다 현저하게 떨어져 있는 것을 미리 알 수 있다.

2007년은 상승의 시그널인 3년 차 공급이 작아지는 첫 번째 해였고, 2008년과 2009년은 금융위기라는 큰 변수가 등장하는 해이기도 하다. 이러한 변수가 있음에도 불구하고 부산은 상승을 한 것이다. 이는 3년 차 공급량의 부족이 시장에 상승압력으로 작용했다고 볼 수 있다. 이것이 첫 번째 상승 조건이다. 해석을 할 때는 입주물량이 적어서 상승한 것이 아니라, 입주물량이 적어서 상승할 수 있는 환경이 만들어졌다고 해석하는 것이 가장 좋다.

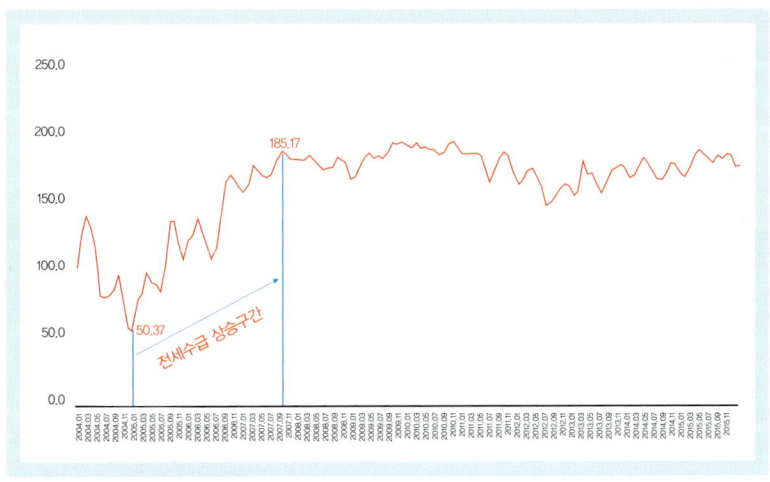

[자료 46] 연도별 전세수급 현황(부산)　　　　　　　　　　출처 : KB 부동산

두 번째 상승 조건은 공급량 부족으로 전세수급지수가 상승하는 것이다. 2005년 1월에 50.37까지 떨어졌던 전세수급지수가 2007년 9월에는 185.17까지 올라갔다. 이는 1만 7,103세대라는 적은 입주물량으로 인한 전세수급 상승 때문으로 여겨진다. 한계 수요를 넘지 못하는 입주물량을 보이고 있는 2009년 11월은 191.7까지 상승하며, 전세수급이 불안정해진다. 이렇게 공급부족으로 시작된 입주물량이 전세수급 불안으로까지 전이됐다고 할 수 있다.

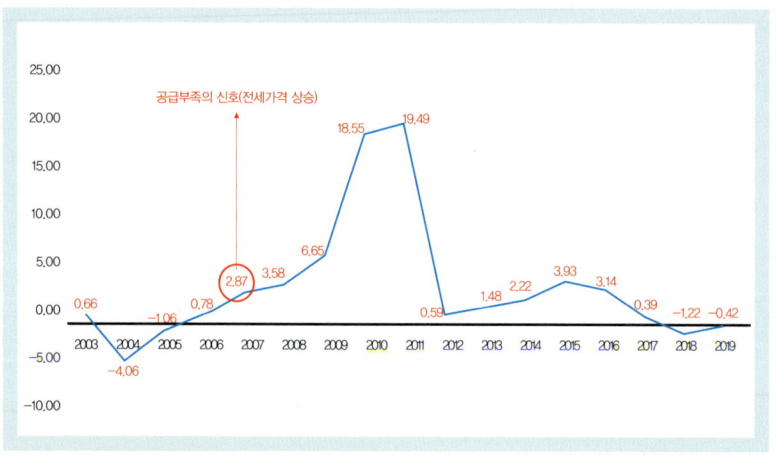

[자료 47] 전세가격 상승률(부산)   출처 : KB 부동산

세 번째는 누적공급량 부족으로 전세가격이 상승하는 것이다. 공급량이 작다고 무조건 매매가격이 상승이 된다고 볼 수 없다. 실수요자들이 어떤 선택을 하는지에 따라서 매매가격이 상승할 수 있고, 전

세가격이 상승할 수도 있다. 이 말은 대체제로 이동할 수 있기 때문이다. 공급부족 상태에서 매매의 대체제가 전세로 이동해서 전세가격 상승이라는 결과로 보여주어야 한다. 이것이 진짜 공급부족이라는 것을 확인할 수 있는 모습이기 때문이다.

[자료 47]을 보면 2006년부터 전세가격이 상승하기 시작하는 것을 확인할 수 있다. 매매가 상승이 아니어도, 공급부족으로 전세가격 상승이라는 전이효과를 가져온 것이다. 그다음 해인 2008년은 금융위기 환경인데도 여전히 전세가가 상승하는 것을 볼 수 있다.

위기와 상관없이 어떤 주거든 선택해야 하는 환경에서 전세가 상승이라는 결과가 나온 것이다. 이것이 공급부족과 전세수급 상승으로 이어져 전세가격 상승이라는 결과로 나온 것이다.

[자료 48] 매수우위지수(부산)   출처 : KB 부동산

네 번째는 매수우위지수가 상승한다. 2004년 7.79까지 떨어졌던 매수우위지수는 2007년부터 서서히 상승해서 2008년 9월까지 상승하게 된다. 이후 2008년 금융위기에서 다시 한 번 27.69까지 급락하지만, 곧 다시 반등된다. 그리고 2009년 8월에 103.78까지 올라간다. 매수와 매도심리를 대변하는 매수우위지수가 급격히 개선되고 있는 것이다. 침울했던 하락분위기는 점차 사라지고, 상승분위기로 완전히 들어가게 되는 것이다.

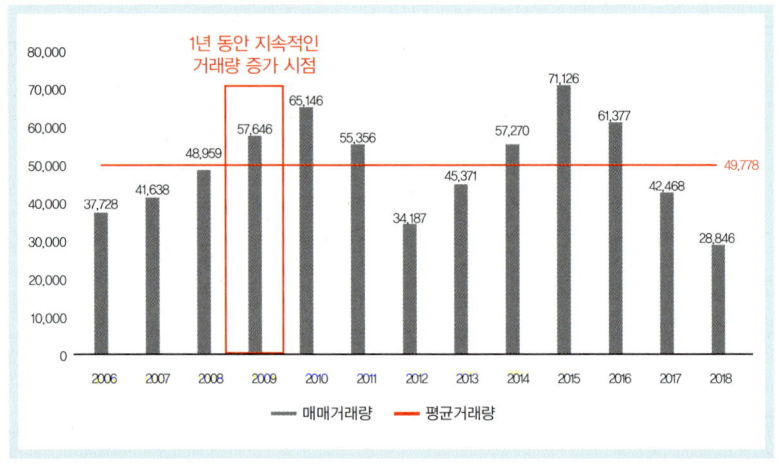

[자료 49] 매매거래량(부산) 출처 : 한국 감정원

다섯째는 매매거래량이 증가하게 된다. 공급량이 적고, 입주물량이 줄어들면 전세 관련 통계 데이터들(전세수급, 전세가격, 전세가율, 전세거래)이 움직인다. 이후 전세 수요에서 매매 수요로 이동할 수 있는 환

경이 충분히 조성되면, 실거주자와 투자자에 의해 매매거래량이 증가하게 된다. [자료 49]에서 보듯 2009년에 평균거래량을 넘어 5만 7,646을 기록하게 된다. 하락기 이후에 공급부족으로 나오는 첫 번째 거래량 증가 시점은 반등을 예상하는 시그널일 수 있다.

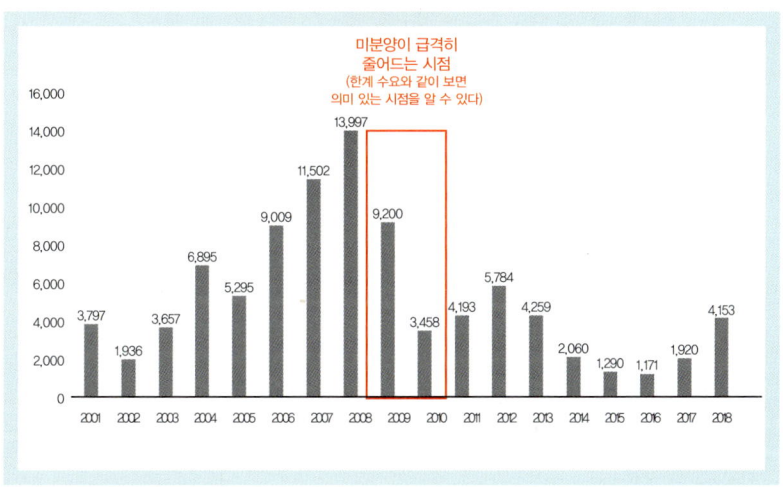

[자료 50] 연도별 미분양(부산) 　　　　　　　　　　출처 : 국토교통 통계누리

여섯째는 미분양이 감소하는 것이다. 부산은 2008년에 미분양이 1만 3,997세대로 크게 증가했다가 2009년부터 감소하기 시작해 2010년은 3,458세대로 큰 감소폭을 보이고 있다.

이를 종합해 마지막으로 매매가 상승률을 보게 되면 다음과 같다.

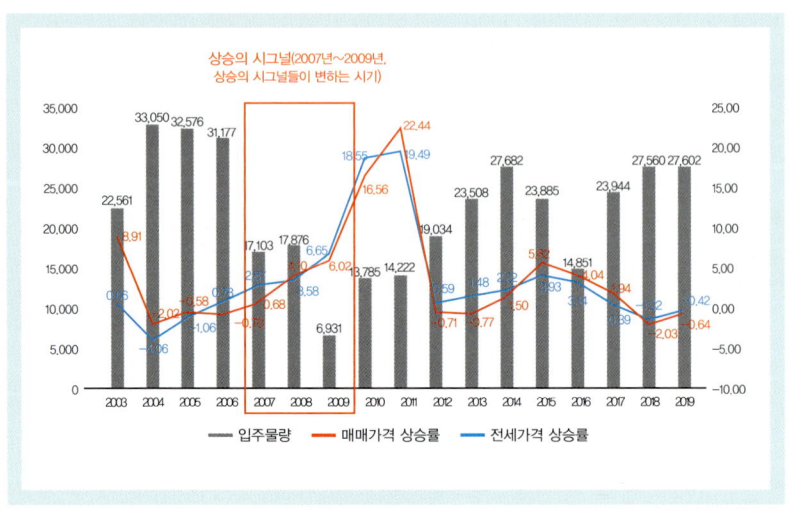

[자료 51] 입주물량 & 매매가격 상승률 & 전세가격 상승률   출처 : KB 부동산

3년 차 누적공급량이 작았던 첫해인 2007년은 매매가격이 바닥을 찍고, 2008년은 본격적인 상승으로 들어가는 흐름이었다. 하지만 2008년에는 금융위기라는 변수를 맞게 된다. 하지만 입주물량이 한계 수요 2만 3,000세대보다 2년 연속해서 적었던 2008년은 큰 위기 없이 상승하며 출발했다.

이처럼 3년 연속 입주물량이 부족한 첫해인 2007년에 바닥에서 상승을 시작해 2008년은 금융위기 변수를 이길 만큼 공급이 부족했다고 보인다. 다음 해인 2009년에도 6,931세대 입주물량으로 공급이 턱없이 부족했다. 따라서 본격적인 상승으로 시장이 방향을 완전히 바꾼 것을 알 수 있다.

현재 사이클의 시작인 2007년부터 시작된 공급부족은 이 시점에 바닥을 다지면서 전세수급을 올리며, 전세가를 상승시킨다. 공급부족으로 살아났던 매수심리(매수우위지수)는 2008년 금융위기로 인해 다시 위축된다. 하지만 심리는 약해졌어도 2008년 금융위기 시 실수요자들의 매수세가 여전히 이어져 매매가격이 조금씩 상승하고 있는 것을 알 수 있다.

2009년이 되면 입주물량은 최저로 떨어지고, 금융위기에서 위축된 매수심리가 점차 살아나 매매거래량도 폭발적으로 늘어난다. 이후 위기에 눌려 있던 잠재 수요가 시장에 참여하며 큰 폭으로 매매가격이 상승한다. 이러한 시장의 변화들로 시장에 상승을 이어갔다. 이처럼 공급부족으로 시작해서 또 다른 통계(전세수급, 전세가격, 미분양, 매수우위지수, 매매거래량 등)들을 변화를 통해 시장의 상승 시그널을 보내고 있는 것이다. 하락의 시그널은 다음과 같은 통계들이 움직이고 있을 때 하락 가능성이 높아진다.

첫째, 한계 수요를 넘어서는 공급이 3년간 누적되어 있을 때다.
둘째, 전세수급과 전세가격이 하락으로 들어갈 때다.
셋째, 매수심리인 매수우위지수가 하락할 때다.
넷째, 주택 자가 보유율이 3~4% 상승해서 무주택 수요를 흡수할 때다.

다섯째, 미분양이 증가할 때다.

여섯째, 매매거래량이 줄어들 때다.

다시 부산을 예로 들어 보자.

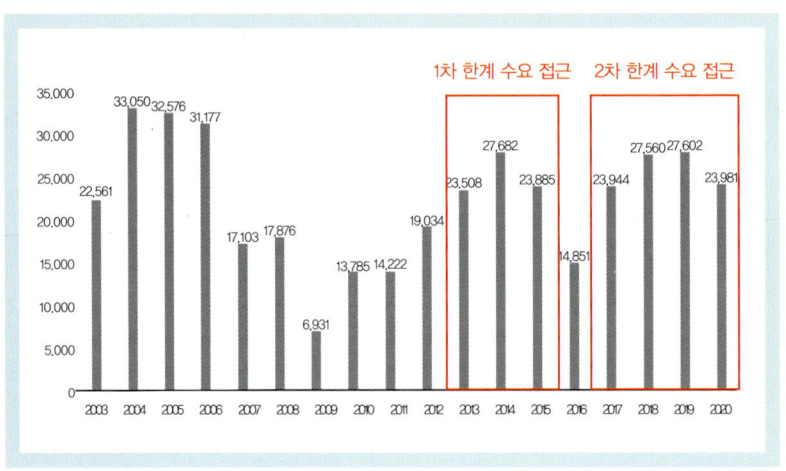

[자료 52] 입주물량과 한계 수요(부산) : 2013년 이후에 한계 수요로 접근해서 언제든지 하락으로 갈 수 있는 환경이 만들어지고 있다

첫 번째로 한계 수요를 넘어서는 공급이 3년간 누적되어 있을 때다. [자료 52]를 보면 부산은 2013년에 2만 3,508세대로 한계 수요인 2만 3,000세대에 근접했다. 2014년은 2만 7,682세대로 한계 수요를 넘은 입주물량을 보이고 있다. 2015년은 2만 3,885세대 입주물량이며, 2013년에서 2015년까지 평균 입주물량은 2만 5,025세대로 한계 수요보다 넘는 공급으로 매매가격이 크게 위축된다. 이후 2016년에는 1만

4,851세대로 다시 입주물량이 떨어지고 있다. 2013년 이후부터는 입주물량이 누적해서 늘어나고 있기에 언제든지 하락으로 갈 수 있는 환경이 만들어지고 있다고 볼 수 있다.

[자료 52]에서 보듯 2013년과 2017년, 두 번의 한계 수요 근처에서 차이점은 자가 보유율 상승 여부다. 실거주인 무주택자가 매수를 통해 자가를 보유하므로 시장의 에너지가 사라지게 되는 것이다. 이때 자가 보유율도 함께 상승한다. 이 부분은 뒤에 통계로 다시 한 번 확인해보자.

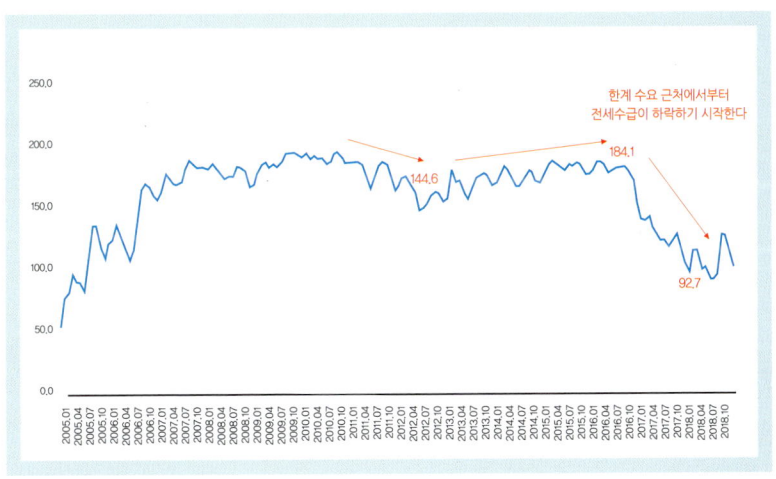

[자료 53] 전세수급지수(부산)   출처 : KB 부동산

두 번째는 전세수급은 떨어지고, 전세가격이 하락으로 접어들 때다.

이렇게 현재 입주물량의 영향으로 바로 시장의 영향을 받는 것이 전세수급이다. 전세수급은 전세가격이 하락하도록 압력을 주게 된다. 부산은 2012년에 전세 약세구간이 있었고, 2017년도 8월부터 본격적인 전세가격 하락이 시작되고 있는 것을 볼 수 있다.

2012년에 일어났던 첫 번째 전세가격 침체구간은 실수요자들의 에너지가 충분히 흡수되지 못해 일어났던 일시적인 현상이었다. 2010년에서 2012년으로 지나는 과정에서 자가 보유 비율이 올라가지 않은 것을 통해서 간접적으로 여전히 잠재 수요가 남아 있었다고 판단할 수 있다. 2017년 8월부터 전세가격이 본격적으로 하락한 것은 2014년에서 2016년 사이 자가 보유율이 상승한 후에 시작된 전세가 하락 때문이다. 이는 매수 수요를 충분히 흡수한 후에 나오는 전세가격 하락일 가능성이 크다. 따라서 2012년과 2017년의 전세가 하락은 전혀 다른 경우다. 본격적인 하락신호는 2017년의 전세가 하락이다.

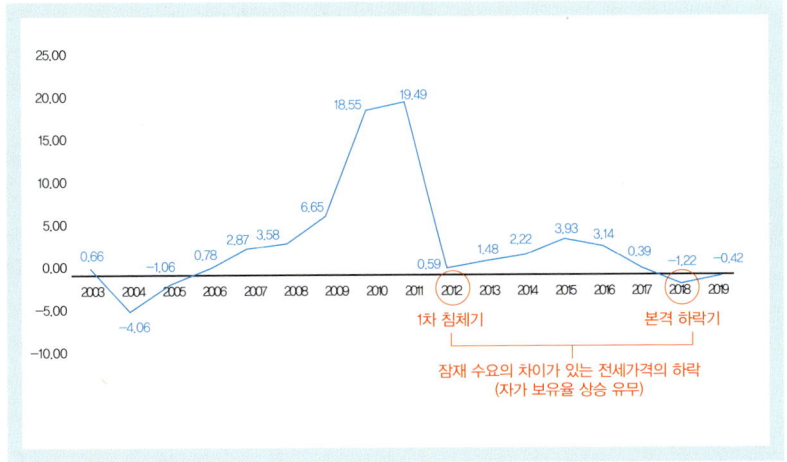

[자료 54] 전세가격 상승률(부산)　　　　　　　　　　　출처 : KB 부동산

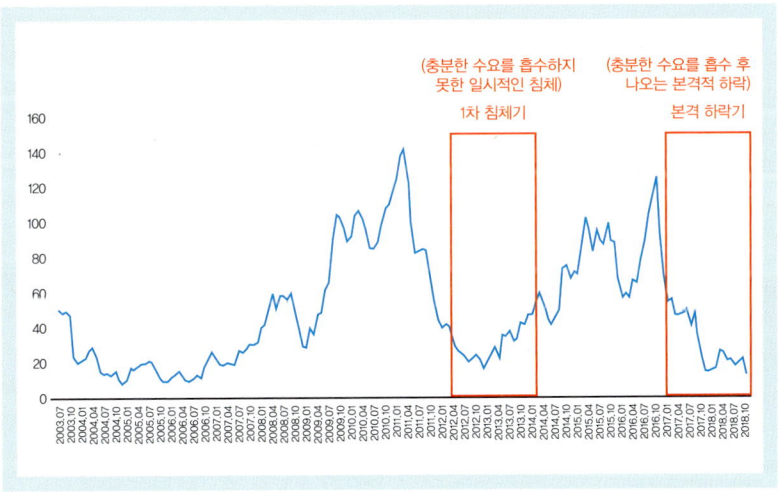

[자료 55] 매수우위지수(부산)　　　　　　　　　　　출처 : KB 부동산

3장. 시장의 해석 방법과 부동산 시장이 보여주는 의미　181

세 번째는 매수우위지수가 떨어진다. 부동산 매수심리라고 할 수 있는 매수우위지수는 시장에서 체험하는 투자자나 실거주자가 피부로 느끼는 실제 분위기와 비슷하다. 그래서 매매가격 하락과 거의 비슷하게 움직이는 통계다.

2011년 3월에 141.2까지 올랐던 매수우위지수는 2012년 12월에는 15.7까지 떨어졌다가 다시 반등했다. 하지만 2018년 10월에는 또다시 12.0까지 떨어졌다. 두 번의 상승과 하락 사이에 심리적인 변화가 있었지만, 결국 일정 시간 이후 누적된 공급량으로 인해 심리까지 얼어붙었다. 누적된 공급량이 시장의 에너지를 충분히 흡수해서 더 이상의 수요를 받아줄 수 없고, 입주물량으로 인한 전세가 하락 등 시장의 신호로 매수심리가 급격히 하락하기 때문이다.

네 번째는 주택 자가 보유율이 3~4% 상승해서 실수요자 에너지를 소진시킬 때다. 상승시기에 잠재되어 있던 실수요자들이 매수에 참여해서 그 에너지가 공급을 통한 신규 입주물량으로 흡수되거나, 기존 매물에 흡수되어 사라질 때 급속하게 하방 압력을 받게 된다.

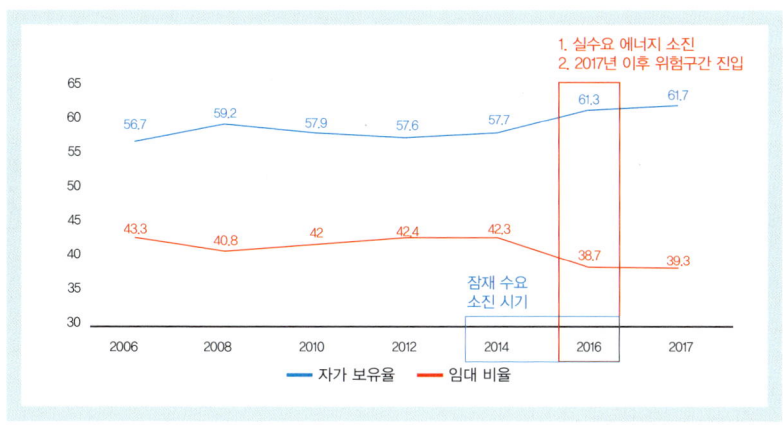

[자료 56] 자가 보유 비율(부산)　　　　　　　　　출처 : KOSIS 국가통계

    2012년은 부산의 매매가 상승이 일시적으로 멈추는 시기다. [자료 56]에서 보면 2010년에서 2012년 사이에 57.9% 자가 보유율이 57.6%로 오히려 떨어진다. 이때가 자가 보유율이 올라가지 못한 상태임을 생각하면, 잠재 수요가 여전히 있다는 의미다.

    2014년에서 2016년은 자가 보유율이 57.7%에서 61.3%로 상승한다. 이 구간을 지나면서 무주택 실수요자의 에너지가 많이 소진됐다는 것을 짐작할 수 있다. 이후에 입주물량들은 더욱더 부담스러운 구간으로 접어들게 된다. 매매가격 하방 압력은 2016년 이후부터 시작해 2017년에는 본격적으로 누적공급량의 영향을 받게 된다. 자가 보유율이 올라간 다음, 과공급으로 만든 모든 하락 지표들은 본격적인 매매가격 하락으로 이어질 가능성이 있는 것이다.

다섯 번째는 미분양물량이 늘어나는 시점이다. [자료 57]에서 보듯 부산의 2018년 미분양물량 수준은 2008년 수준의 미분양은 아니지만, 누적된 입주물량과 함께 2017년부터 조금씩 미분양물량이 조금씩 늘어나고 있는 것을 확인할 수 있다. 이는 충분한 공급으로 인한 수요의 고갈 및 내 집 마련이라는 궁극적인 목표를 이룬 수요가 신규 분양에 대해 관심이 낮아졌기 때문이다. 이는 또 자가 보유율 증가와도 일맥상통한다.

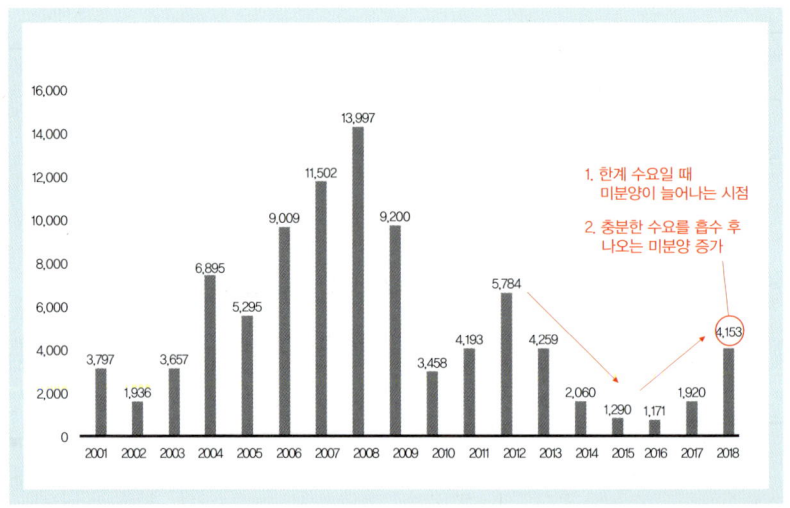

[자료 57] 미분양(부산)   출처 : 국토교통 통계누리

여섯 번째는 매매거래량이 줄어들 때다.

[자료 58]에서 보면 2012년에 평균 매매거래량보다 떨어졌던 매매거래량이 다시 2015년까지 증가했다가 2017년에 또다시 평균 매매

거래량보다 감소된 것을 볼 수 있다. 이때는 가격이 하락하는 시기이기도 하다. 이를 종합해보면 2012년의 가격 정체는 일시적인 하락이었고, 추세적인 변곡점은 아니었다. 여기에 모든 지수는 다 떨어졌지만, 자가 보유율이 충분히 올라가지 못해 잠재 수요가 남아 있다고 판단해볼 수 있다.

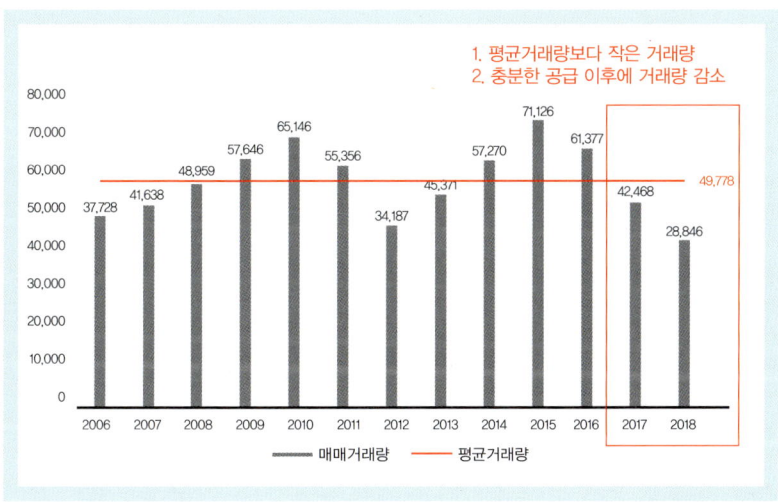

[자료 58] 매매거래량(부산)   출처 : 한국감정원

[자료 59-1] 표를 보면 추세적인 하락은 누적 입주물량이 다시 증가하는 2017년부터다. 2017년은 입주물량이 2만 3,944세대, 2018년은 2만 7,560세대였고, 2019년은 2만 7,602세대가 입주물량 예정이다. 3년간의 누적공급량으로 인해 시장 하락 압력을 받는 해로 진입하는 해는 2017년이다.

그리고 2014년에서 2016년까지 자가 보유율이 3.6% 상승해 그동안 매수하기를 원했던 잠재 수요들이 이 시기를 지나면서 에너지를 소진했다. 이후 누적된 공급량으로 인해 2016년 10월 이후 다시 전세수급이 떨어졌고, 2017년 8월부터는 전세가격이 하락했다. 2017년 들어서는 매수심리라고 할 수 있는 매수우위지수 또한 지속적으로 하락했고, 2017년 10월부터는 본격적으로 매매가격이 하락으로 접어들었다.

또 추세적으로 미분양도 조금이지만 늘어났고, 거래량도 평균 거래량에 미치지 못했던 해가 2017년이다. 이처럼 모든 통계 지표들이 하방 압력을 강하게 받고 있다는 것을 통계 지표로 알 수 있다. 결국 공급을 중심으로 한계 수요와 만나면서 어떤 변화들이 시장에서 일어나고 있는지를 통해 상승과 하락의 시그널을 끊임없이 주고 있는 것을 알 수 있다.

년도	2003	2004	2005	2006	2007	2008	2009	2010	2011	2012	2013	2014	2015	2016	2017	2018	2019
입주량	22,561	33,050	32,576	31,717	17,103	17,876	6,931	13,785	14,222	19,034	23,508	27,682	23,885	14,851	23,944	27,560	27,602
매매가 상승률	8.91	-2.02	-0.58	-0.70	0.68	4.10	6.02	16.56	22.44	-0.71	-0.77	1.50	5.62	4.04	1.94	-2.03	-0.64
전세가 상승률	0.66	-4.06	-1.06	0.78	2.87	3.58	6.65	18.55	19.49	0.59	1.48	2.22	3.93	3.14	0.39	-1.22	-0.42
매매 거래량		6,895	5,295	37,728	41,638	48,959	57,646	65,146	55,356	34,187	45,371	57,270	71,126	61,377	42,468	28,846	
미분양	3,657	6,895	5,295	9,009	11,502	13,997	9,200	3,458	4,193	5,784	4,259	2,060	1,290	1,171	1,920	4,153	
전세수급 (12월기준)	94.7	51.7	104.1	157.6	179.4	164.7	190	183.5	160.3	151.3	164.5	165.9	173.9	148.7	99.9	98.9	
매수우위 지수 (12월기준)	19.0	7.8	9.1	25.2	31.7	29.0	88.0	118.1	43.1	15.7	46.3	70.9	66.9	70.0	13.7	10.8	
자가 보유율				55.7		59.2		57.9		57.6		57.7		61.3	61.7		

[자료 59-1] 표로 보는 상승과 하락의 시그널

3장. 시장의 해석 방법과 부동산 시장이 보여주는 의미   187

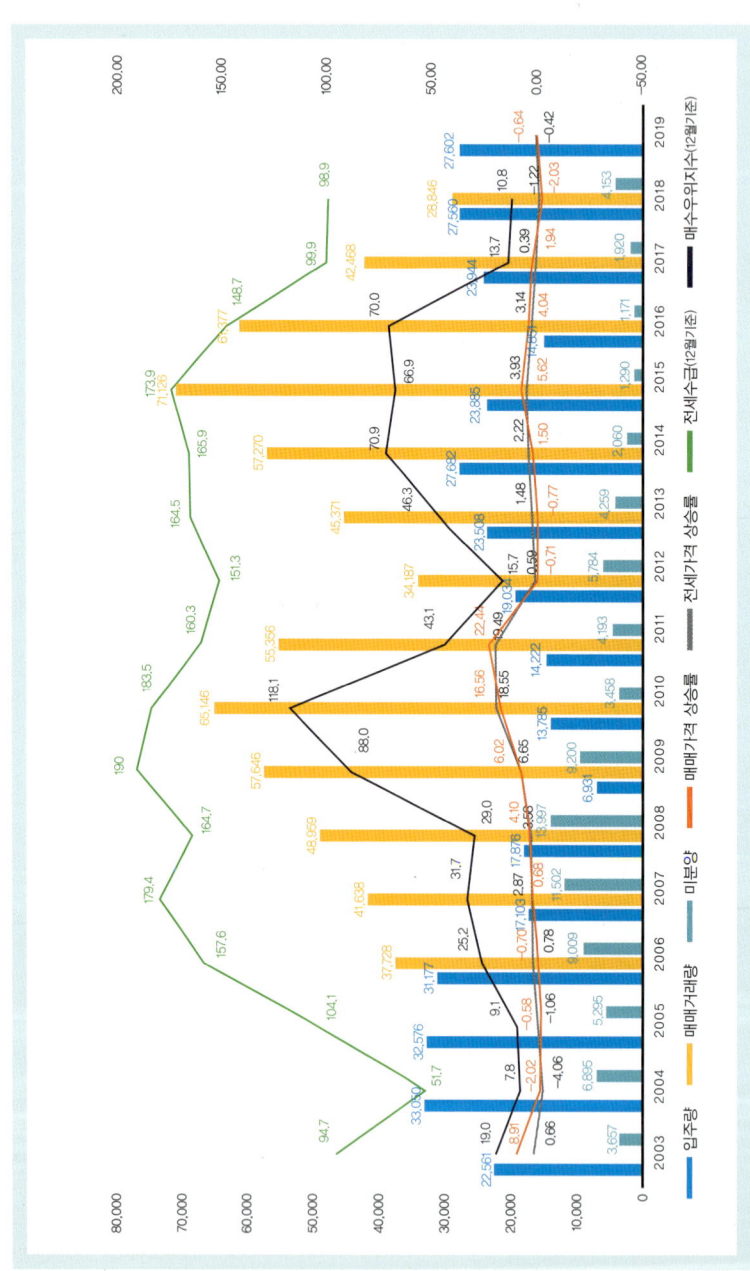

[자료 59-2] 입주물량, 매매가상승률, 전세가 상승률, 매매거래량, 미분양, 전세수급, 매수우위지수(부산)

출처: KB 부동산, 감정원, 국토교통 통계누리, KOSIS

188 부동산 투자 인사이트

상승과 하락의 시그널을 주는 통계들은 하나의 통계로 선행지수라 단정 지을 수 없다. 누적된 입주물량만 선행지수로 예측 범위에 있고, 거의 모든 지표들은 한계 수요와 누적된 공급물량을 연계해서 보아야 한다.

[자료 59-1]의 표를 보면, 상승의 시그널은 입주물량 3년 차 누적공급량 시작점인 2007년에서부터 2009년까지의 변화에서 시작했으나, 2008년에는 금융위기 변수로 인한 매수우위지수, 즉 심리가 크게 위축된 것을 볼 수 있다. 이후 모든 상승 통계들의 움직임이 2009년에 대부분 시작되는 것을 확인할 수 있다.

하락의 시그널을 보내는 통계들은 누적공급량의 한계 수요량에 근접해서 입주하는 2012년도에 1차적으로 하락징조가 보였다. 하지만 다시 2015년과 2016년까지 상승하고, 이후 2018년에서 본격적으로 하락으로 들어가게 된다.

2012년과 2018년의 차이는 누적공급량의 차이는 비슷하지만, 자가 보유율의 상승 여부, 즉 실거주 에너지가 남아 있었다는 차이가 있었다. 이러한 차이 때문에 2015년과 2016년에 해운대구가 강하게 매매가격이 상승했고, 2018년 누적된 공급량으로 본격적으로 매매가격 하락으로 진입하게 되었다.

공급으로 보여주는 시장의 상승과 하락은 어떤 통계로든 간접적으로 시장에 신호를 주게 된다. 이를 통해서 시장의 상승과 하락의 시점을 찾을 수 있는 것이다. 또 변수가 생기면 시점이 변화가 생긴 경우이지, 방향은 바뀌지 않는다는 것이 다시 한 번 데이터로 증명되었다. 이 통계들은 입주물량 말고는 대부분 선행지수가 아니라 동행 또는 후행지수라는 것을 꼭 기억하자.

4장

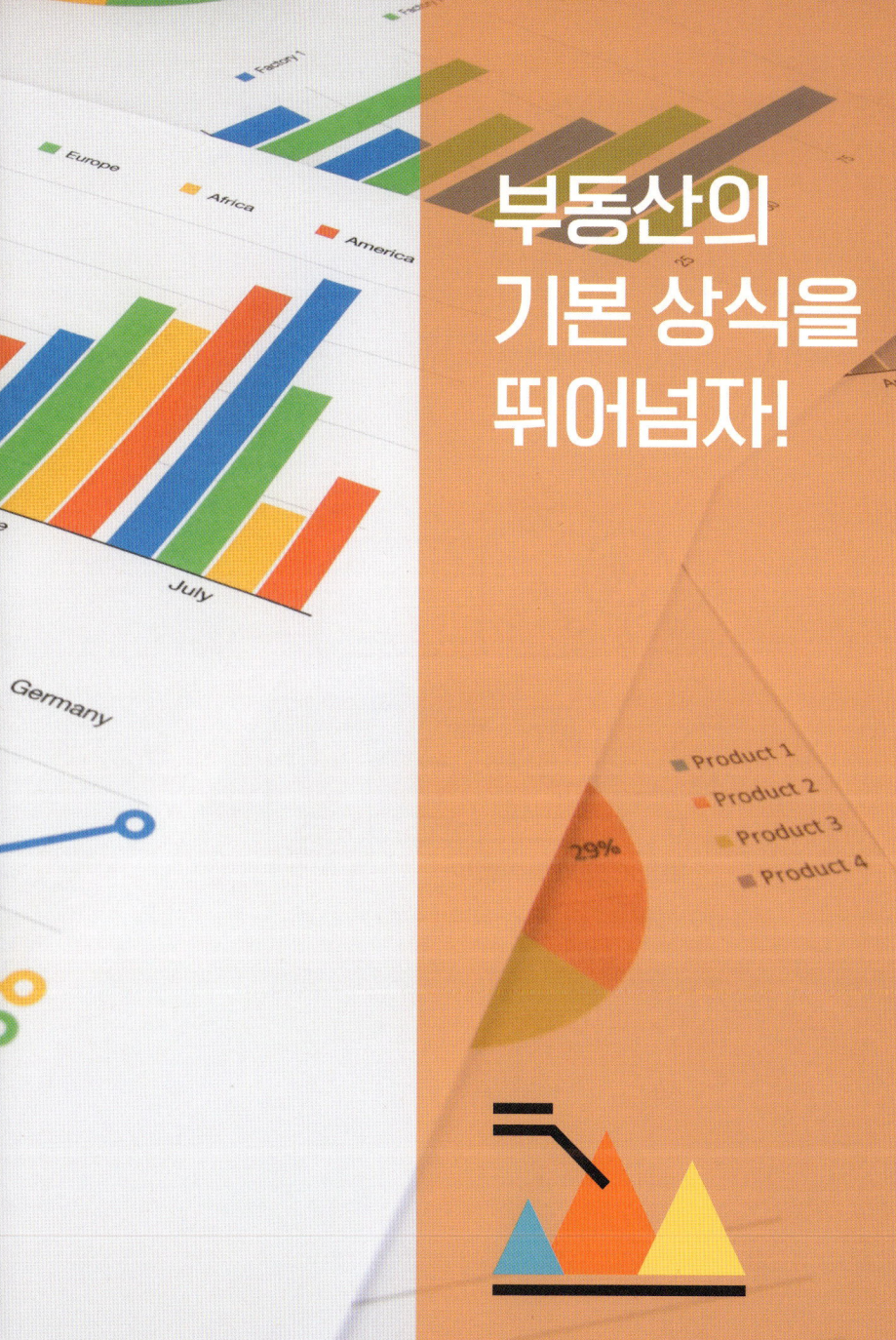

부동산의 기본 상식을 뛰어넘자!

*입지보다 더 중요한 위치를 보면 고수다!

부동산은 첫 번째도 입지, 두 번째도 입지, 세 번째도 입지라는 말을 한다. 틀린 말은 아니다. 입지를 공부해야 되는 것은 기본이고, 그 입지 속에서도 더 중요한 위치를 볼 수 있어야 한다. 입지 안에서도 위치에 따라 부동산의 가치가 달라지기 때문이다. 그리고 개발 여부에 따라 입지는 변하지만, 위치는 고정되어 있어 변하지 않는다.

특히 상가 투자에서 위치의 중요성은 두말할 필요가 없다. 사람들의 동선까지 파악해야 좋은 위치의 상가를 선점할 수 있기 때문이다. 예를 들어 강남이라는 입지가 있다고 생각해보자. 강남 안에서도 압구정동과 대치동의 평가는 다르다. 어떤 위치인지에 따라 가치가 다르다는 의미다.

예를 들어 지하철을 가장 잘 이용할 수 있는 위치, 그리고 지하철에서 가장 가까운 아파트가 더 높은 가격에서 결정된다. 예를 들어 초등학교 자녀를 둔 학부모라면 학교를 중심으로 아파트의 위치에 따라 선호도가 다르기에 매우 중요하다. 길을 건너지 않고 등하교를 할 수 있는 '초품아'라는 용어도 위치가 더 강조됐기 때문에 나온 이야기다. 직장인이라면 역세권 선호도가 높기 때문에 지하철을 중심으로 가까운 위치를 좋아할 것이다. 고등학생 자녀를 둔 부모라면 학원가도 중요한 위치 결정 요소가 된다.

이러한 다양한 입지 여건 중에서도 선호도가 위치에 따라 다르기 때문에 같은 학군지역 내에서도 아파트 가격이 조금씩 차이가 난다. 강남 안, 그중 대치동 안에서도 위치에 따라 평가가 다르다.

부산은 해운대구 안에서도 또 다르고, 대구는 수성구 안에서도 학군지역인 범어동 안에서의 평가가 다르다. 구를 중심으로 좀 더 크게 보면 강남구 중심으로 다른 구들이 어디에 위치하는지에 따라 구에 대한 평가도 달라진다. 그래서 위치에 대한 평가를 제대로 할 수 있을 때 그 지역에 대한 이해도가 더욱 높아질 것이다. 상승기에는 위치에 대한 차이를 평가하고, 판단할 수 있을 때 더 큰 수익을 낼 수가 있다.

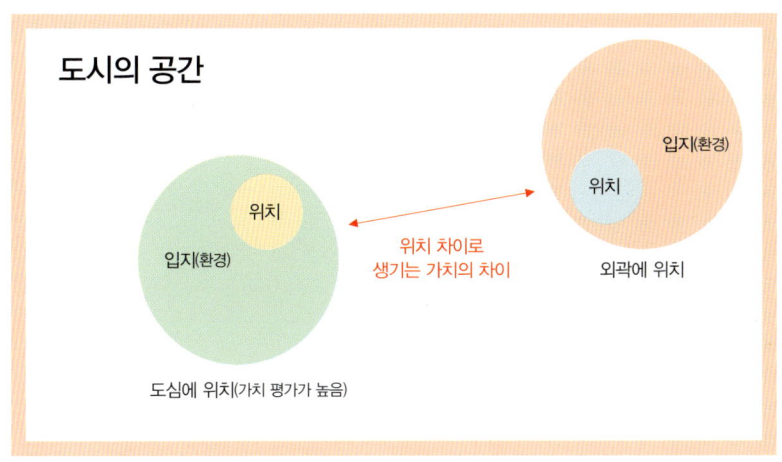

[자료 60] 고정되어 있는 위치의 가치 평가

[자료 60]에서 보듯 한 도시에 있어도 도심과 외곽은 그 평가가 다르다. 그래서 외곽에 위치한 신도시가 아무리 입지 환경이 좋아도 도심의 위치를 극복하지 못하고, 가격 평가도 낮을 수밖에 없다. 또 도심이어도 입지에 따라 평가가 달라진다. 그렇기 때문에 입지와 위치를 같이 봐야 제대로 된 평가를 할 수 있다. 그중에서도 위치 평가가 더 중요하다.

도시의 모양,
구조와 기능이 중요한 이유가 있다

한 도시의 부동산은 대내외적인 요인에 의해서 성장, 변화, 쇠퇴, 재생, 다시 성장하는 과정으로 발전한다. 이러한 변화의 모습 속에서 나타나는 특성들은 도시의 모양과 구조에서 나타나는 경우가 많다. 또 도시의 구조적인 문제로 지역과 지역이 연결되고, 단절되어 있기도 하다. 이러한 도시와 도시, 구와 구, 동과 동의 연결과 단절을 만들면서 지역과 지역의 차이가 생겨나고, 기능적인 면에서도 서서히 변한다.

앞서 학군에서 잠깐 언급했지만, 학군지역이 여러 군데로 나뉜 도시와 그렇지 않은 도시는 구조적인 이유가 있는 것이다. 그 이유는 지역과 지역의 단절이 큰 경우다. 또 이동의 제한이 상당하거나 거리가 멀어서 이동을 제한시켜 만들었을 가능성이 많다. 예를 들어 부산과 대구는 학군 형성이 좀 다르다.

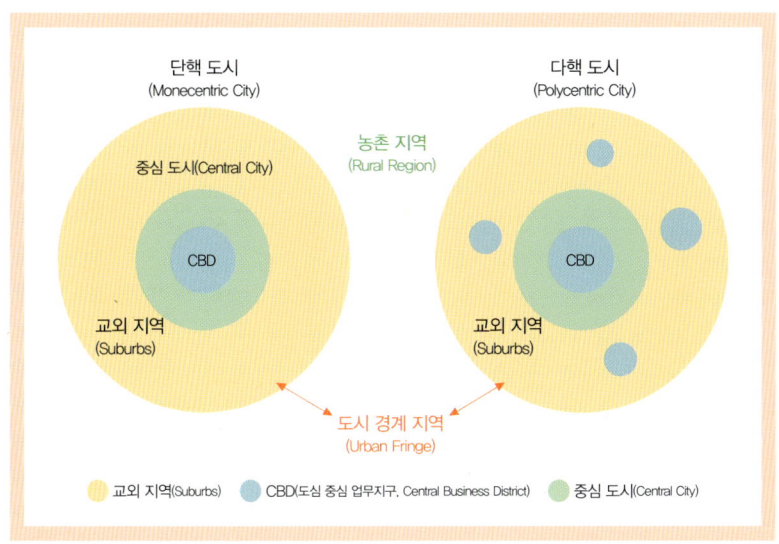

[자료 61] 도심과 교외 지역에 대한 모식도 출처 : Hartshorne, 1992 : 228

　따라서 도시 구조와 규모 등 여러 원인들로 핵심적인 역할들이 나누어지는 다핵도시가 되는 경우도 있고, 집중적으로 핵심 역할이 모여 있는 단핵도시가 되는 경우도 있다. 또 도시의 인구가 늘고 지역이 확장이 되면서 도시개발계획의 일환으로 부도심을 개발하는 경우도 있다. 이렇게 확장된 도시는 크면 클수록 권역이 나누어지며 인접한 구와 구가 서로 영향권에 있게 된다.

　도시의 기능적인 측면에서도 무척 중요한 부분이 있다. 수도권은 서울을 중심으로 대부분 화이트 컬러 종사자가 많으며, 소비를 할 수 있는 상업이 발달되어 있다. 제조업의 경우는 대부분 경기도에 위치하고 있어 서울과는 다른 내부 모습이 존재한다. 광역시의 경우에도 제조업 기반인 울산과 소비 중심인 부산을 비교하면, 기능 면에서나 그 도시를 기반으로 하는 구성원들이 조금 다르다고 할 수 있다.

이러한 내부 구성원의 차이 때문에 위기에 크게 반응하는 곳과 그렇지 않은 곳으로 나뉜다. 주택 시장의 가격 변동성도 조금 다르게 나타난다. 예를 들어 도시 구성원에서 공무원이 많은 세종시 같은 곳은 위기일 때 가격 변동성이 가장 낮게 나타날 가능성이 크다. 지방 광역시에서도 부산은 경남에서 중심지 역할을 하고, 대구는 경북에서 중심지 역할을 한다. 또 기능 면에서도 소비도시와 생산을 기반으로 하는 공업도시는 상승 시에나 위기 시에 차이가 크게 나타날 가능성이 있다. 인천은 규모 면에서는 광역시급이지만, 도시의 기능에서는 서울의 위성도시 역할을 하고 있다. 이러한 측면에서 보면 위기에 노출될 가능성이 늘 있으며, 수도권에서는 위치 면에서 불리하다.

이러한 도시 기능 및 구조와 역할로 인해 수요와 공급이 잘 맞는 도시와 그렇지 않은 도시가 있다고 2장에서 이야기했다. 이러한 각 도시가 가지고 있는 특성이 상승기와 하락기 때 매매가격과 전세가격의 상관관계로 나타난다. 서울, 부산, 대구, 인천, 광주, 대전, 울산 정도의 도시들의 구조와 역할 특성을 이해하면 좀 더 상승과 하락이 보이는 이유와 원인도 정확하게 알 수 있을 것이다.

가격 상승과
가격 결정의 차이

    2장과 3장에서 가격 상승의 원리와 변곡점, 그리고 상승의 시그널에 대해서 충분히 다뤘다. 여기서 이야기하려는 것은 가격의 결정원리다. 일반적인 경제이론은 수요와 공급에 의해서 가격이 결정된다고 한다. 하지만 부동산에서는 아무리 공급이 많아도 일반적인 상품 가격이 떨어지듯 가격이 반값으로 가는 경우는 거의 없다.

    상승의 경우도 마찬가지다. 10억 원짜리 물건이 단기간에 20억 원이 된다면, 수요가 줄어든다. 이 상황에서 다시 공급이 줄어든다고 해도 20억 원에서 30억 원까지 상승한다고 장담할 수 없다. 가격이 올라간 만큼 또 30억 원에 매수할 수 있는 수요가 줄어들기 때문이다.

    이렇게 가격이 상승하는 과정에서 어느 선까지 가격이 결정되는데, 이때 가장 중요한 것은 입지와 위치, 그리고 희소성에 의해서 가격이 결정될 가능성이 가장 높다. 예를 들어 A지역은 5억 원이고, B지역은 3억 원이라고 하자. 이 두 지역은 2억 원이라는 차이가 있다. 그러면 어떤 이유에서 한쪽 지역은 5억 원에 가격이 결정되어졌고, 다른 한쪽은 3억 원에 가격이 결정되어지는 걸까?

부동산 가격 결정은 가장 좋은 입지에 가장 좋은 위치의 조합이 될 때 가장 가격 결정에 영향을 크게 받는다. 여기에 상품까지 더한다면 더욱 높은 가격에 결정되는 것이다. 이렇게 평가가 되기에 입지 안에서도 위치에 따라 가격 차이가 나게 된다. 강남 안에서도 어떤 위치에 분양하는지에 따라 가치가 달라진다. 분양한 단지가 상승기에 희소성까지 있다면, 높은 가격대에서 결정될 가능성이 높아진다. 높은 가격대에서도 희소성에 의해서 수요가 몰릴 수 있기 때문이다. 또는 가격의 변동성이 일어나는 상승과정에서 입지의 변화가 있는 곳이나 교통망의 연결로 위치를 극복이 됐을 때 높은 가격대로 결정된다.이는 교통망의 연결을 통해 다른 지역의 편익을 이용할 때 더 높은 선에서 가격이 결정되는 것으로 나타난다. 그래서 강남이라는 편익에 지하철이 연결되면 높은 가격대에 결정되는 것이다. 이를 흔히 강남 접근성이 좋다고 한다.

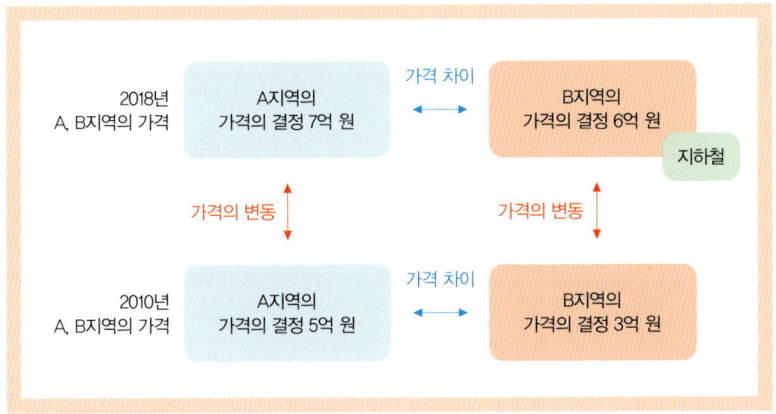

[자료 62] 가격의 결정과 가격의 변동 차이

　이처럼 교통망 연결과 같은 호재를 대부분 투자자나 실거주자분들은 가격 상승의 원인에 초점을 두지만, 호재는 상승기에 높은 선에서 가격이 결정되는 하나의 요소일 뿐이다.

　예를 들어 지하철이 들어오고 큰 백화점이 생겼다고 하면, 그로 인한 입지가 한층 좋아진 것이다. 따라서 지하철과 백화점이라는 편익이 반영되어 높은 가격대에 결정된다. 이러한 호재들이 상승장을 만났을 때 그 변동성을 이용해 지난 가격보다 더 높은 가격대에서 가격이 형성되며, 시세에 반영되어져 가격이 결정되는 것이다. 이렇게 해서 지역과 지역의 가격 차이를 좁히기도 하며, 벌리기도 한다.

　이처럼 가격의 상승과 가격이 어느 정도 선에서 결정되는 것을 우리는 분리해서 생각해야 된다. 이러한 이유로 호재가 항상 가격을 상승시키지 않는 것은 익히 다 알고 있다. 호재는 하나의 상승기에 시세상승에 영향을 주는 요소이지, 변동성 자체를 만들어내는 원인이라고 단정 지을 수는 없다. 가격을 상승시키는 원인들은 수없이 많고, 가격을 결정하는 원인들도 수없이 많다. 이 중에서 변동성이 만들어내는 상승기에 위치와 입지, 그리고 희소성이 만났을 때 가장 높은 가격대에 결정될 수가 있다. 그리고 입지의 변화로 인한 편익에 따라 가격이 다시 한 번 더 높게 결정되기도 한다.

눈에 보이지 않는
잠재 수요는 어떻게 움직이나?

수요는 고정되어 있지 않기에 정확하게 예측하기 힘들다. 그중에서도 잠재되어 있는 수요는 더욱 알 수 없다. 여기서는 잠재 수요가 어떻게 시장에 나오게 되고, 어떻게 다시 잠재 수요로 들어가게 되는지 알아보자.

잠재 수요가 움직이는 가장 중요한 핵심은 자산 가격의 상승과 하락이다. 사람들은 자산을 지키거나 늘리려고 하기 때문에 이는 당연한 것이다. 특히 하락기보다는 상승기에 더 큰 잠재 효과가 시장에 나타난다. 주거라는 특수성으로 인해 어쩔 수 없이 선택의 순간이 다가오면, 상승기에는 더 큰 잠재 수요가 출연하게 되는 것이다.

하락기에는 상대적으로 매수보다는 전월세 선택 가능성이 많아 잠재 수요로 남는다. 또 기존 유주택자의 이동도 활발하지 않아 상대적으로 하락기에 잠재 수요도 좀 더 남아 있게 된다. 이렇게 하락기에 모였다가 상승기에는 다시 시장에 나오게 되는 수요를 '잠재 수요'라고 할 수 있다. 특히 상승기에는 누적해서 잠재되어 있던 수요들이 한꺼번에 시장에 참여하기 때문에 시장에 영향을 더 크게 준다.

또 하락시기가 길면 길수록 잠재 수요 또한 커진다. 이들은 실수요자로 매수에 참여할 가능성이 매우 높다. 그동안 시장에 매수로 참여하지 않은 이유는 대부분 자산 상승효과가 없는 시기이기 때문에 매수를 보류했다고 봐야 한다. 대부분 잠재 수요는 여러 가지 형태로 존재하지만, 결국은 그 지역의 실수요자라고 할 수 있다. 특히 전세 수요가 가장 좋은 잠재 수요이고, 다음은 월세 수요다. 1주택자와 다주택자는 수요자이기도 하지만, 공급자의 역할도 하기에 시장의 에너지를 뺏어가는 존재다. 가장 큰 에너지인 전세 수요와 월세 수요가 잠재 수요의 대표적인 수요라고 할 수 있다.

전세비율%	2006년	2008년	2010년	2012년	2014년	2016년	2017년	2018년
전국	22.4	22.3	21.7	21.8	19.6	15.5	15.2	15.2
서울	33.2	33.5	32.8	32.5	32.1	26.3	25.8	25.7
부산	22.1	19.6	18.7	18.7	14.6	11.4	11.1	11
대구	21.1	19.3	20.0	20.9	17.7	12.3	12.3	12.3
인천	21.4	21.2	22.9	22.8	23.3	16.1	15.8	15.8
광주	21.5	17.6	15.3	15.3	13.7	9.8	9.5	9.5
대전	23.1	23.5	19.6	19.5	15.2	15.5	15.5	15.7
울산	17.5	21.1	14.7	14.7	16.7	9.1	8.9	8.9

[자료 63] 전세거주비율   출처 : KOSIS 국가통계

임대 비율 (전월세)%	2006년	2008년	2010년	2012년	2014년	2016년	2017년	2018년
전국	44.5	43.5	45.9	46.2	46.3	43.2	42.4	42.3
서울	55.3	55	58.7	59.5	59.8	58	57	56.6
부산	43.3	40.8	42	42.4	42.3	38.7	38.3	37.7
대구	46.1	44.1	44.5	44.6	44.9	40.6	40.6	40.5
인천	39.4	38.8	44.3	44.7	45.1	41.6	40.4	40.4
광주	46.5	42.6	41.1	41.4	40.4	38.3	37.6	37.6
대전	48	45.7	49.2	49.3	48.8	46.3	46.2	46.2
울산	41.4	41.1	40.2	40.9	40.9	37.2	36.3	35.9

[자료 64] 임대거주비율(전세, 월세)   출처 : KOSIS 국가통계

[자료 63]과 [자료 64]는 자가를 보유하지 않은 전세 비율과 전체 임대 비율(전세, 월세)이다. 2017년을 기준으로 보면 서울은 57%가 아직 임대에 거주하고 있어 다른 도시에 비해 높은 수준에 있다. 단순하게 보면 임대 비율이지만, 이 임대 비율은 잠재 수요의 의미가 포함되어 있다.

대부분의 도시들이 2008년 금융위기 이후 부동산 침체를 겪으면서 임대 비율이 높아지고 있는 것을 볼 수 있다. 전국 임대 비율이 2008년 43.5%에서 2014년에는 46.3%로 높아졌다. 이는 서울을 비롯한 다른 지방도 비슷하게 올라가는 현상을 보이고 있다.

예를 들어 부산의 경우 2008년에는 40.8%의 임대 비율이 2008년 이후부터 점차 늘어나 2014년에는 42.3%까지 늘어났다. 이 기간에 늘어난 전월세 수요, 즉 임대 수요가 잠재 수요라고 할 수 있다. [자료 63]에서 보면 잠재 수요 중에서 전세 비중은 부산이 2008년에 19.6%, 2012년에는 18.7%로 0.9% 정도 떨어졌다. 2014년에는 14.6%로 떨어졌다. 이 시기에 부산은 매매가격 상승이 2012년에서 2014년까지 상승하지 못한 시기다. 이 기간에 전세에 있던 잠재 수요가 1차적으로 매매 시장에 참여했다고 예상해볼 수 있는 것이다.

부산의 사례를 통해서 보듯 상승기에는 매수 수요로, 하락기에는 잠재 수요로 이동한 다음, 상승기에 매수 참여해 가격 상승과 함께 움직이는 것을 알 수 있다. 또 이러한 수요의 움직임은 상승기와 하락기, 그리고 공급량에 따라서 잠재 수요에서 매수 수요로 가기도 하고, 매수 수요에서 다시 잠재 수요로 움직인다. 매수시기를 이동하며 시장에서 움직이는 것이다.

대부분 도시들의 이번 상승장의 시작점은 2008년부터 만들어 놓은 잠재 수요와 다주택자를 포함한 실수요자들이 함께 움직이며 여기까지 온 것이다. 2019년 현재의 시장은 이렇게 모아둔 수요가 상승이라는 시간을 거치면서 점점 힘이 떨어지게 되는 것이다.

많은 도시들의 가격 상승과 하락 기간 동안에 움직이는 잠재 수요를 보면, 매매가격 하락이 꼭 나쁜 것은 아니다. 투자자 입장에서는 전세 잠재 수요가 있는 것이 나쁘지 않기 때문이다. 오히려 꾸준한 상승으로 잠재 수요를 만들지 않는 곳일수록 상승폭은 높지 않고 변동폭도 작게 된다. 또 투자자만으로 시장을 끌고 갈 수 없다. 결국 언젠가는 투자자 물건도 실수요자가 받아 주어야 하기 때문이다. 자가와 전월세 비율을 통해서 잠재 수요의 움직임도 예측해볼 수 있다.

변수는 어떻게 해석할까?

시장에 나오는 다양한 변수들을 어떻게 해석해야 될까? 실수요자나 투자자 모두 변수로 인해 시장의 방향을 예측하는 것은 어려워하는 것이 당연하다. 그러나 이 변수를 보지 않는 것이 오히려 더 도움이 된다. 결국 모든 힘의 원천은 실수요자이고, 실수요자만이 시장의 진행 방향을 잡을 수 있기 때문이다.

변수를 크게 보면 정부에서 나오는 규제 정책과 완화 정책, 경제 환경과 금리 등이 있을 수 있다. 그리고 작게는 한 도시 안에서 시장에 참여하는 투자자를 움직이는 변수로 보며, 대외적으로 보면 금융위기 같이 확률이 낮은 변수들도 있다. 그럼 이러한 변수들이 시장에 언제쯤 나올지 예상이 가능할까? 어떤 변수가 어떻게, 언제 나올지 예측하는 것은 불가능하다.

정부의 정책 또한 정권이 바뀔 때마다 주택 시장에 대한 인식이 다르기 때문에 어떤 정책으로 바뀌게 될지 모른다. 내일 나올 정책도 알 수 없는데, 다음 해에 나올 변수, 더 길게는 다음 정권에서 나올 정책까지 예상해서 투자할 수는 없는 것이 현실이다. 또 부동산은 주식처럼 오늘 매수해 내일 매도할 수 있는 투자 물건이 아니다.

만약 지금 당장 정책에 의해 금융 규제가 나왔다고 하자. 그럼 이 변수가 시장에 어느 정도의 파급력을 가지고 있고, 얼마나 많은 수요를 위축시켜 상승과 하락의 변동성에 영향을 주는지는 계산이 불가능하다. 많은 사람들이 실수하는 것이 예측이 되지 않는 부분까지 예측하려는 데 있다. 특히 경제의 큰 방향인 거시경제를 예측한다든지, 금리 방향을 예측하는 데 있어서도 마찬가지다. 그리고 예측 범위나 시기를 알 수 없는 금융위기 같은 외부의 큰 변수들을 끊임없이 예측하려고 한다. 예측이 불가능한 것 외에 알고 있는 부분만 예측하는 것이 더 현실적이다. 그 첫 번째가 공급량이며, 또 하나는 공급되는 위치, 그리고 현재의 시점에 분양하는 분양가를 기준으로 2~3년 뒤의 공급량과 위치를 비교해서 가격을 예측하는 게 합리적이다. 이와 같이 예측 가능한 것에 좀 더 초점을 맞추는 것이 투자 확률을 높일 수 있으며, 설령 잘못된 선택을 했어도 위기에 안전할 수 있다.

또 시장에 나오는 변수들은 시장의 방향을 정하는 것이 아니다. 가격의 변동률과 속도에는 영향을 미치지만, 상승과 하락의 진행 방향은 정할 수 없다. 만약 상승환경에서 투자자가 들어온 시장은 상승폭이 커지고, 속도가 빨라진다. 이는 방향이 정해져 있기 때문에 상승하는 데 있어 투자자의 역할이 확대됐다고 할 수 있다.

결국 시장의 방향은 공급이 만들어 놓은 환경에서 실수요자의 움직임에 따라서 방향을 잡아간다. 만약에 무주택 실수요자가 집을 매수할 마음이 있다고 가정해보자. 대출 규제와 같은 변수는 매수할 마음이 잠시 사라진 것이지, 영원히 매수하지 않는 것은 아니다. 이때 시장의 반응은 잠시 하락하거나 주춤하다가 다시 적응기를 지나면, 즉 변수가 지나면 매수심리를 살아나게 한다. 이처럼 매수하고자 하는 사람들, 즉 실수요자들이 시장에 참여해 매수를 해야만 시장이 멈추는 것이다. 이는 충분한 공급으로 실수요자들이 흡수됐을 때 시장이 멈추게 된다는 것과 같다.

만약 상승장에서나 상승 초반에 변수의 강도가 시장에 크게 영향을 주어서 하락으로 반전될 경우, 매수 수요는 잠재 수요로 들어가게 된다. 그러다가 다음 상승시기에 잠재 수요가 더 큰 에너지가 되어 큰 폭의 상승장을 만들게 된다. 그 대표적인 예가 1997년 IMF와 2008년 금융위기 같은 외부의 큰 변수다.

다시 말해 예측이 불가능한 영역에서 나온 변수가 상승장으로 이어지는 도시에서 나왔다면, 시장에 참여하던 수요를 잠재 수요로 돌려놓게 된다. 돌려놓은 잠재 수요는 다음 상승장인 IMF 위기가 끝난

년도	1996년	1997년	1998년	1999년	2000년	2001년	2002년	2003년	2004년
입주물량	50,010	29,561	30,105	21,744	14,871	14,651	19,384	22,561	33,050
매매가격 상승률	0.2	-2.4	-12.2	7.9	3.1	13.7	16.0	8.9	-2.0
한계 수요	23,000	23,000	23,000	23,000	23,000	23,000	23,000	23,000	23,000
변수			IMF						

년도	2005년	2006년	2007년	2008년	2009년	2010년	2011년	2012년	2013년
입주물량	32,576	31,177	17,103	17,876	6931	13,785	14,222	19,034	23,508
매매가격 상승률	-0.6	-0.7	0.7	4.1	6.0	16.6	22.4	-0.7	-0.8
한계 수요	23,000	23,000	23,000	23,000	23,000	23,000	23,000	23,000	23,000
변수				금융위기					

[자료 65] 매매가격 상승률과 입주물량 및 한계 수요(부산) 출처 : KB 부동산

1999년과 금융위기가 끝난 2010년에 더 크게 밖으로 나오면서 폭발적인 상승력을 가지게 된다.

[자료 65] 부산을 예로 보면 1996년부터 1998년까지 한계 수요를 넘어선 3만 6,558세대 평균 입주물량을 보여주고 있다. IMF 경제위기와 한계 수요를 넘은 1998년은 하락폭이 -12.2%를 기록했다. 1997년과 1998년은 정상적인 하락의 방향에서 외부의 나쁜 하락변수로 같은 방향의 하락을 맞게 됐고, 그 변수에 의해서 하락의 폭은 깊어졌다. 이후 1999년부터 물량이 줄어들어 2000년에는 입주물량이 1만 4,871세대로 한계 수요에서 완전히 벗어나며, 상승폭이 확대된 것을 볼 수 있다.

그런데 금융위기 시기인 2008년에 들어서면 그 흐름이 조금 달라진다. 2007년부터 2009년까지 평균 입주물량 1만 1,890세대로 상승

환경이 만들어졌다. 그러나 2008년에는 1만 7,876세대 상승환경의 입주물량에서 금융위기라는 외부의 하락변수에 의해 상승폭이 제한된다. 2008년 금융위기라는 하락변수로 돌려놓은 잠재 수요가 2009년에서 2011년까지 줄어든 입주물량과 만나면서 큰 폭의 상승장을 만들게 되는 것이다. 이처럼 외부 변수가 들어왔지만, 큰 흐름의 방향이 바뀌지 않는 것을 확인해볼 수 있다.

그럼 정부 정책은 어떨까? 정권이 바뀔 때마다 큰 틀에서 규제와 완화를 반복하고 있다. 이러한 정책의 변수는 과연 시장의 방향을 잡아갈 수 있을까? 대구를 예로 들어 보자.

년도	1996년	1997년	1998년	1999년	2000년	2001년	2002년	2003년	2004년
입주물량	25,312	29,029	17,623	17,328	19,695	5,321	14,718	23,761	9,493
매매가격 상승률	-1.00	-1.52	-14.77	11.07	0.22	16.86	12.95	6.57	0.50
한계 수요	17,000	17,000	17,000	17,000	17,000	17,000	17,000	17,000	17,000
변수		IMF		김대중 정권(규제 완화 정책)				노무현 정권	

년도	2005년	2006년	2007년	2008년	2009년	2010년	2011년	2012년	2013년
입주물량	11,969	20,801	19,622	27,334	24,509	9,928	5,744	4,955	9,939
매매가격 상승률	9.90	1.22	-3.07	-3.10	-1.28	2.00	14.95	7.50	10.81
한계 수요	17,000	17,000	17,000	17,000	17,000	17,000	17,000	17,000	17,000
변수	노무현 정권(규제 정책)			이명박 정권(규제 완화 정책)					

[자료 66] 입주물량과 매매가격 상승률(대구)　　　　　　　　　　　출처 : KB 부동산

대구의 경우 1기 신도시 입주시기인 1991년부터 1997년까지 추세

하락시기에 있었다. [자료 66]에서 보면 1997년과 1998년에 IMF라는 하락의 변수를 맞게 되고, 이후 정부의 규제 완화 정책에 따라 상승의 변수에 영향을 받게 된다. 하지만 1998년 IMF 시기에 입주물량은 1만 7,623세대로 한계 수요 근처에서 점차 줄어들고 있는 것을 확인할 수 있다. 1997년과 1998년의 규제 완화 정책에도 불구하고, 상승하지 못하고, IMF라는 외부의 위기(변수)로 인한 돌려놓은 잠재 수요가 규제 완화라는 상승의 변수와 함께 시장에 나오며, 이후 줄어든 입주물량의 환경인 1999년에 본격적으로 상승해 2005년까지 상승추세가 이어진다.

또 2006년부터 시작된 과공급의 영향으로 추세가 하락하는 과정에서 금융위기 이후 지방 규제 완화 정책에도 불구하고, 공급이 줄어들 때까지 상승하지 못했다. 결국 지방광역시에서 가장 늦게 줄어든 공급의 영향으로 2011년부터 상승하기 시작했다.

이처럼 시장에 들어오는 대부분의 변수는 방향을 만드는 것이 아니라, 상승폭이나 상승속도만 제한하는 수준에서 머물러 있음을 알 수 있다. 결국 방향을 정하는 것은 공급량인 것이다.

*상승의 원인도 바뀐다

가격 상승의 원인들을 잘못 판단하는 경우가 많이 있다. 상관관계인지, 인과관계인지는 불분명하지만, 결과와 원인관계는 어느 정도 구분해야 한다. 호재가 상승의 원인이라고 말할 수도 있지만, 하락지역에서는 상승 호재가 상승의 힘을 발휘하지 못한다. 그래서 호재가 반드시 상승으로 나타나지는 않는 것이다.

또 단기간 짧은 시간에 늘었다, 줄었다 하는 거래량은 가격이 거래량을 늘렸는지, 거래량이 가격을 올렸는지 원인과 결과가 불분명한 것이다.

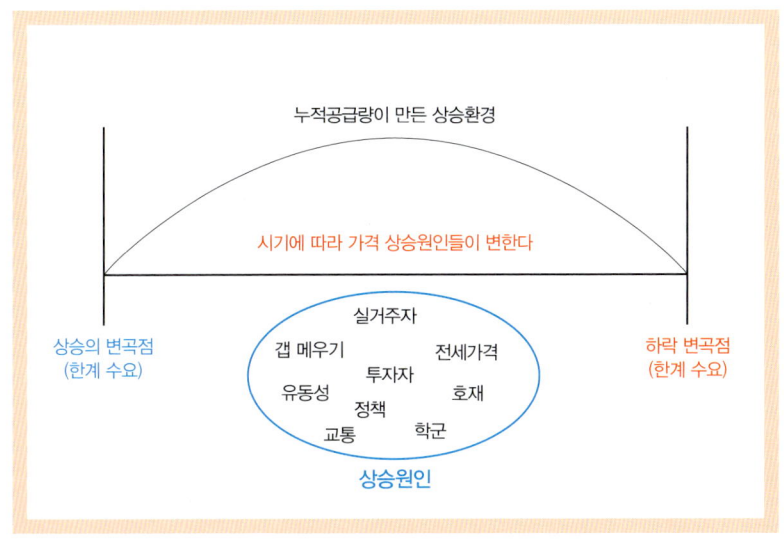

[자료 67] 공급이 만든 상승환경에서 시기에 따라 상승의 원인들이 변하면서 상승한다

그리고 가격이 상승해서 미분양이 줄었는지, 미분양이 줄어서 가격이 상승했는지는 그 선후가 뭔지 알 수 없다. 다만 미분양 증감 여부는 전체 시장을 읽는 데 사용하는 통계일 뿐이다. 심리 또한 정부 정책에 따라 움직이며, 수시로 변화해서 시장에 나타나는 현상에 불과하다.

결국 시장 변동성의 크기만 다를 뿐 그 원인의 근본은 수급 말고는 말할 수 있는 것이 거의 없다. 수급으로 움직이는 시장의 변화를 읽어야 거래량, 미분양 등 다양한 통계들을 활용할 수 있다. 앞서 2장, 3장에서 이야기했듯이 한계 수요에서 공급량을 적용해야 변곡점에서 거래량, 미분양, 전세가격 등이 같이 움직인다는 것을 보게 된다. 그래서 진짜 원인이 아니라는 것을 알 수 있다. '부동산 시장을 이해하기 앞서'에서 잠깐 언급했듯이 매우 중요한 내용이다.

상승의 변곡점은 공급이 가장 큰 원인이라면 상승장 안으로 들어가면 상승의 원인이 바뀌게 된다. 이는 부동산 특성에서 나오는 지역과 지역의 차이를 메우는 갭 메우기 현상, 투자자에 의한 상승, 그리고 유동성의 힘이 작용한다든지 하면서 그 상승의 원인들이 계속 변화하는 것이다. 때로는 가격이 가격을 끌고 가는 경우도 있으며, 다양하게 시장의 환경에 의해서 가격의 상승원인이 변화하며 가격도 변화가 있는 것이다. 이렇게 상승하는 과정에서 결국 수요가 공급을 만나는 과정에서 생겨나는 변동성은 즉 어떤 변수에 의해서 끊임없이 변화하게 된다. 하지만 이 변수를 상승의 근본 원인이라고 생각하고 따라가면 안 된다. 투자자도, 유동성도 결국 상승이라는 가격을 보고 움직이는 요소일 뿐이다. 결국 수요들이 상승의 요소들을 찾아서 끊임없이 움직이는 것이다.

호재도 마찬가지다. 호재가 있는 곳은 변동성을 더 크게 할 뿐, 그 근본은 아니다. 상승환경이 살아 있을 때 호재도 상승의 원인이 되는 것이다.

흔히 입지가 좋은 곳이 더 오르고, 학군이 좋은 곳의 상승률이 더 높은 것은 부동산의 특성이며, 상승기에는 더 잘 보인다. 이러한 입지와 학군 등은 상승을 시키는 원인이 아니라 상승기에 나타나는 부동산의 특성이 더 높은 상승이라는 결과로 보이는 것뿐이다. 입지와 학군이 좋은 지역에 투자하는 것은 결국은 상승이라는 변동성이 생긴 후에 시작한다. 하락환경에 들어가게 되면 학군도, 호재도 의미가 없어지는 것이다.

첫 번째 상승의 원인은 공급이 만든 환경이며, 이후 상승된 가격으로 만든 변화를 통해 부동산의 특성으로 시장이 움직인다. 부동산의 특성도 결국 충분한 공급이 될 때 상승의 특성도, 상승의 환경도 끝나게 되는 것이다. 공급이 만들어 놓은 상승환경 안에서 원인들이 계속해서 인과관계가 변화하며, 가격을 상승시키는 것이다.

예를 들어 서울의 경우, 2018년에 투자자에 의해서 큰 변동성을 보이며, 상승장을 이끌었다. 이때 변동성의 주역은 투자자였다. 이후 9·13 규제 대책으로 다시 소강상태로 들어가지만, 실수요자들에 의해서 또 천천히 시장이 움직이게 되는 것이다. 9·13 규제 대책 이전까지는 상승원인이 투자 수요였으나 그 이후로는 상승 원인이 실수요자로 바뀐 것이다. 즉 상승의 환경이 훼손되지 않으면, 상승장 안에서는 계속해 원인들이 바뀌며 상승하는 것뿐이다.

시장을 이기는 정책 &
정책을 이기는 시장의 차이

　시장을 이기는 정책과 정책을 이기는 시장은 어떤 차이가 있을까? 시장의 본질을 잘 이해하면, 시장과 정부의 역할에서 그 변화를 읽어 낼 수가 있다. 주거라는 본질을 무시하는 정책은 시장을 이기기 힘들다. 그래서 시장을 이기려면 본질을 충실하게 제공해주면 된다.

　가격이 상승하는 시장에서 정부의 단기적인 해결책은 대부분 금융 규제로 수요를 억제하는 정책이다. 하지만 단기적으로 수요를 위축시키는 정책은 시장을 이길 수 없다. 단기로 억제한 수요는 위축될 뿐이지, 주거라는 본질을 해결한 것은 아니기 때문이다. 설령 가격이 안정됐다고 해도 일정 시간이 지나면 시장에 적응한 응축된 수요에 의해서 다시 상승을 반복한다.

　그래서 정부는 상승 시작점에서부터 가격 안정을 위해서 금융 규제와 함께 공급 정책을 병행하는 것이 가장 좋다. 공급이 완성되는 기간 동안 투자 수요를 억제하고, 그 사이 공급을 완성시키면 된다. 그러면 눌려 있던 수요가 공급으로 흡수되며, 시장이 안정으로 들어갈 수 있다.

시장이 정책을 이기는 이유는 대부분 하락시기 동안 응축된 수요들이 상승기 때 공급부족과 만나기 때문이다. 이렇게 응축된 수요들은 공급부족의 환경에서 정부 정책에도 지속적으로 상승하게 된다. 그런데 만약 이 시기에 공급이 아닌 더 많은 규제로 시장이 안정됐다고 하면 어떤 결과가 있을까? 이는 필연적으로 대체제인 전세나 월세로 이동하게 되어 임대료 상승이 일어나게 된다. 인위적인 수요 위축은 임대 수요를 증가시키고, 이렇게 증가한 임대 수요들이 시장에 다시 큰 압력으로 작용하게 되어, 또다시 가격 상승의 빌미가 되는 것이다. 결국 공급으로 풀지 않은 정책은 시간이 지나면 시장을 이길 수 없게 된다.

예를 들어, 한 해 1만 세대 정도는 공급이 되어야 하는 도시가 있다고 하자. 그런데 입주물량은 5,000세대밖에 없다. 그런데 정부의 정책이 매우 강하게 나와 시장이 안정됐다. 그러면 5,000세대가 입주하고, 나머지 5,000세대는 임대 수요로 이동한다. 이렇게 이동한 수요는 다음 해에 1만 5,000세대의 수요가 되어 시장에 나온다. 이렇게 모인 세대들이 점점 힘을 키워 어느 순간에는 정부의 정책을 이기게 되는 것이다. 그래서 길게 보면 정부는 시장을 이길 수 없다고 하는 것이다.

결국 한 도시에서 주거는 매매, 월세, 전세에서 벗어나지 못하고, 이 속에서 계속 이동하는 것뿐이다. 이를 해결하는 것은 공급이고, 결국 공급이 없는 정책은 시장을 이길 수 없다. 이 말은 곧 정부 정책은 공급만 해도 시장을 충분히 이긴다고 할 수 있다.

매매가격과 전세가격의 상관관계는 있는가?

많은 투자자들은 전세가격이 매매가격을 밀어 올린다고 생각한다. 물론 틀린 말은 아니다. 하지만 매번 전세가가 매매가를 올리는 것은 아니다. 부동산 시장의 시기에 따라 전세가격이 매매가격을 밀어 올릴 때도 있고, 반대로 매매가격이 전세를 끌어서 올리는 경우도 있다. 어느 것이 맞는다고 생각하는 것보다는 어떤 이유에서 올라가고, 어떤 시기인지를 생각해 시장에 접근하는 것이 투자자로서 맞는 판단을 내릴 수 있다.

상승기 초반에는 공급부족의 영향으로 전세가격이 매매가격 상승에 많은 영향을 준다. 매매가격 상승 이후에는 매매가격에 비례해서 전세가격이 측정되어 전세가격이 끌려오게 된다. 이후 상승장이 길어지면 잠재 수요의 부족과 누적된 공급량으로 매매가격과 전세가격의 상관관계가 약해진다. 1987년부터 2018년까지 각 도시마다 매매가격과 전세가격의 상관관계는 어느 정도인지 확인해보자. 수치가 1에 가까울수록 상관관계가 높은 것이다. 필자가 30년 시계열로 분석한 결과, 서울은 0.565, 부산 0.834, 대구 0.859, 인천 0.662, 대전 0.372, 광주 0.847, 울산은 0.767이다. 부산, 대구, 광주가 매매가격과 전세가격의 상관관계가 가장 높은 도시다. 재미있는 것은 대구, 광주는 평균적으로 전세가율이 높은 도시이기도 하다. 이는 전세가율이 높은 상태에 있는 도시들이 상승기에 매매가격과 전세가격이 거의 비슷하게 움직인 것이다.

서울, 인천, 경기도처럼 교통망으로 연결된 도시의 경우 매매가격과 전세가격의 상관관계가 타 도시보다 낮다. 이는 지역 간의 이동으로 전세수급의 영향을 한 도시에서 만들어내지 못하기 때문이다. 따라서 1987년에서 2018년까지 평균적인 상관관계를 보면, 전세를 이용한 투자는 대구, 광주가 가장 좋고, 다음은 부산이다. 이는 도시의 구조가 독립적일수록 매매와 전세 상관관계가 높다. 다시 말해 위성도시가 없고 연결성이 떨어질수록 도시 내에서 선택되기 때문이다.

매매와 전세의 상관관계가 타 도시보다 낮은 곳은 매매와 전세 갭보다는 그 지역 도시의 특성에 좀 더 초점을 맞춰 투자하는 것이 더 효과적이다. 결국 모두 똑같은 방식으로 투자하는 것이 아니라, 지역, 시점, 도시 특성에 맞게 투자자는 수시로 변해야 한다.

5장

앞으로 10년, 주택 시장의 중요한 트렌드 2가지

주택의 노후화에 따른
신축 효과

지방을 중심으로 먼저 상승한 곳의 특징은 신축의 가격 상승이 매우 높았다는 것이다. 시작점은 1991년 1기 신도시가 공급된 지 20년 차 되는 2011년이다. 지난 지방 상승장은 2009년 부산에서 시작해 2011년을 지나면서 신축 효과와 도심의 재건축이 시장의 큰 변화였다. 신축의 수요가 증가하고, 하락기에 강한 가격 저항선을 이루는 것 또한 신축 수요가 있었기 때문이다.

도심과 구도심, 외곽까지 공급된 20년 차 아파트의 노후화가 신축 이동 수요를 만들고 있다. 또한 1979년부터 1992년 사이에 태어난 에코세대들이 새로운 수요층으로 진입하는 시기와도 맞물린다. 이러한 누적된 환경에 의해 강한 신축 효과가 일어나는 것이다. 여기에 더해 2008년 이후 저금리 또한 신축 효과를 더욱 높였다. 서울을 비롯한

광역시급 도시는 1기 신도시부터 시작해서 비슷한 시기에 공급되어 부산, 대구, 대전 등은 노후화가 크게 진행됐고, 이에 따라 신축 효과가 두드러지게 나타나고 있다.

[자료 68]의 대구를 예로 들어 보자. 2000년도에 5.6%였던 20년 된 아파트 비율이 2011년부터 가파르게 증가하고 있다. 2011년에 20.1%였던 20년 차 비율이 2020년에는 48.1%까지 올라갔다.

약 두 가구 중 한 가구가 20년 된 아파트이며, 이 아파트들이 공급된 지역은 도심의 핵심 위치에 자리 잡은 경우가 많아서 어느 때보다 도심의 신축 수요가 많이 있을 것임을 짐작할 수 있다. 또 인구 측면에서 보면 에코세대들이 새로운 주거 수요층으로 들어오고 있다. 에코세대들은 아파트에 거주한 세대이기 때문에 신축 효과에 더욱 가세한 것으로 보인다. 지금도 광역시급 도시의 거주 형태를 보면, 젊은 층들은 대부분 신축 공급이 많이 된 신도시를 주거로 선호하는 현상이 뚜렷하다.

지방은 도심의 신축 부족 현상으로 도심 재건축 재개발이 어느 때보다 많이 진행되고 있다. 부산을 필두로 대구, 대전, 광주가 한창 재건축이 진행되고 있다. 특히 서울은 앞으로 10년간 재건축 재개발에 대한 이슈가 지속될 것이다. 지방을 필두로 이번 상승장을 유독 길게 했던 신축 효과는 앞으로도 도심을 중심으로 계속될 것이다.

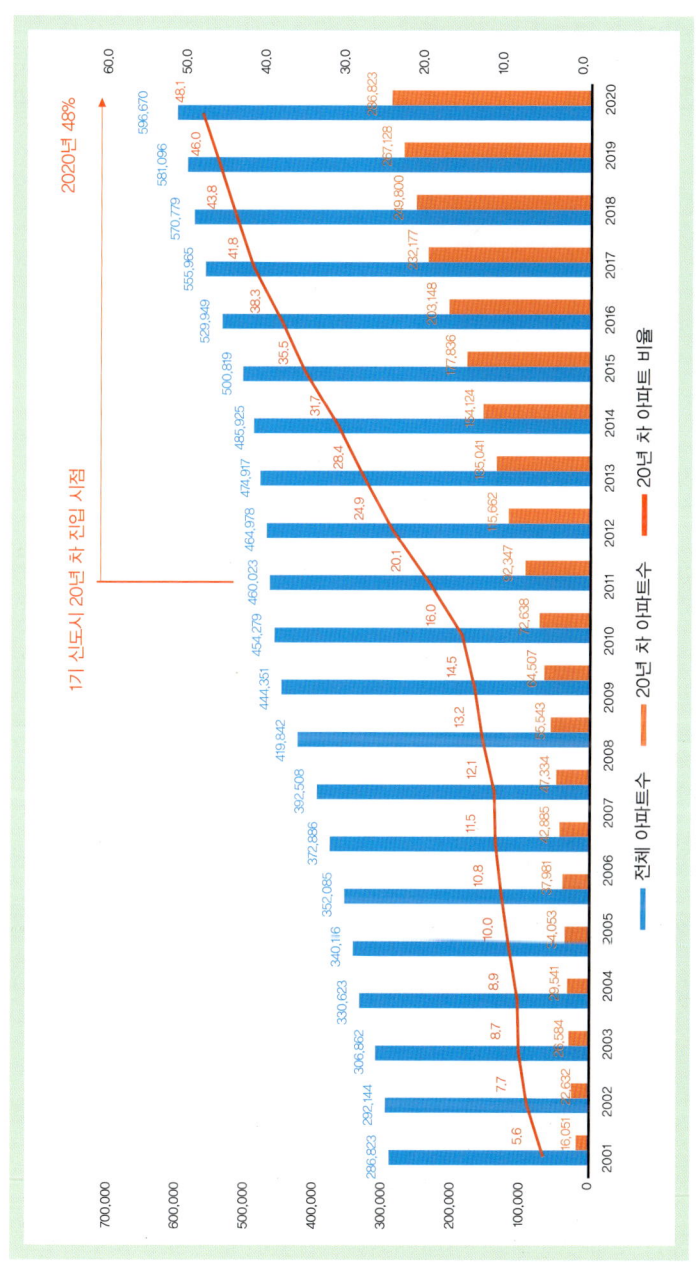

[자료 68] 20년 차 아파트 연도별 비율(대구)

5장. 앞으로 10년, 주택 시장의 중요한 트렌드 2가지

위치를 극복하는 브랜드 파워

주택 시장의 또 하나의 트렌드는 브랜드 효과다. 내가 어느 지역에 거주하는지도 중요하지만, 이제는 어느 브랜드 아파트에 거주하는지도 중요한 시대가 됐다. 과장되게 말하면 내가 어떤 아파트에 거주하느냐가 나를 알리는 하나의 트렌드가 되어가고 있다.

이러한 이유로 브랜드와 비브랜드는 가격 차이가 난다. 공공에서 지은 아파트는 소비자들의 선택에서 멀어지는 현상도 나타나고 있다. 브랜드의 힘에 의해 입지와 위치 차이를 극복하거나 넘어서는 경우도 종종 나오고 있다. 특히 젊은 세대일 경우 아파트 선택에서 브랜드를 더욱 선호하고 있다. 이제는 내가 어디, 어떤 아파트에 거주하느냐가 명함처럼 되는 사회적인 현상이 벌어지고 있는 것이다. 또 국민소득 3만 달러 시대에 접어들면서 높은 수준의 주거 품질을 요구하게 되었다. 기존의 브랜드와 차별화되고, 고급화된 브랜드도 시장에 점차 확대되는 모양새다. 특히 도심의 대단지에 브랜드는 최고의 조합으로, 소비자의 선택 대상이 될 것이다.

지역마다 선호하는 1군 브랜드는 조금씩 다르다. 특히 지방, 그중에서 브랜드 공급이 가장 작았던 대구는 브랜드 효과가 더욱 크다. 에코세대의 주거시장 진입과 주택 노후, 그리고 국민소득 3만 달러 시대에 높은 수준의 주거 품질 요구로 브랜드 효과는 더욱 나타날 것으로 보인다.

아파트 브랜드 순위

순위	건설사(브랜드)	BSTI 점수	2017 도급순위
1	삼성물산(래미안)	855.2	1위
2	현대건설(힐스테이트)	824.3	2위
3	GS건설(자이)	815.1	6위
4	포스코(더샵)	809.9	5위
5	현대산업개발(아이파크)	798.3	8위
6	대림산업(e편한세상)	785.3	4위
7	대우건설(푸르지오)	779.4	3위
8	롯데건설(캐슬)	764.7	9위
9	호반건설(베르디움)	749.4	13위
10	SK건설(view)	730.4	10위

[자료 69] 아파트 브랜드 순위(2018년 1월 기준)　　　　　　출처 : 브랜드 스탁

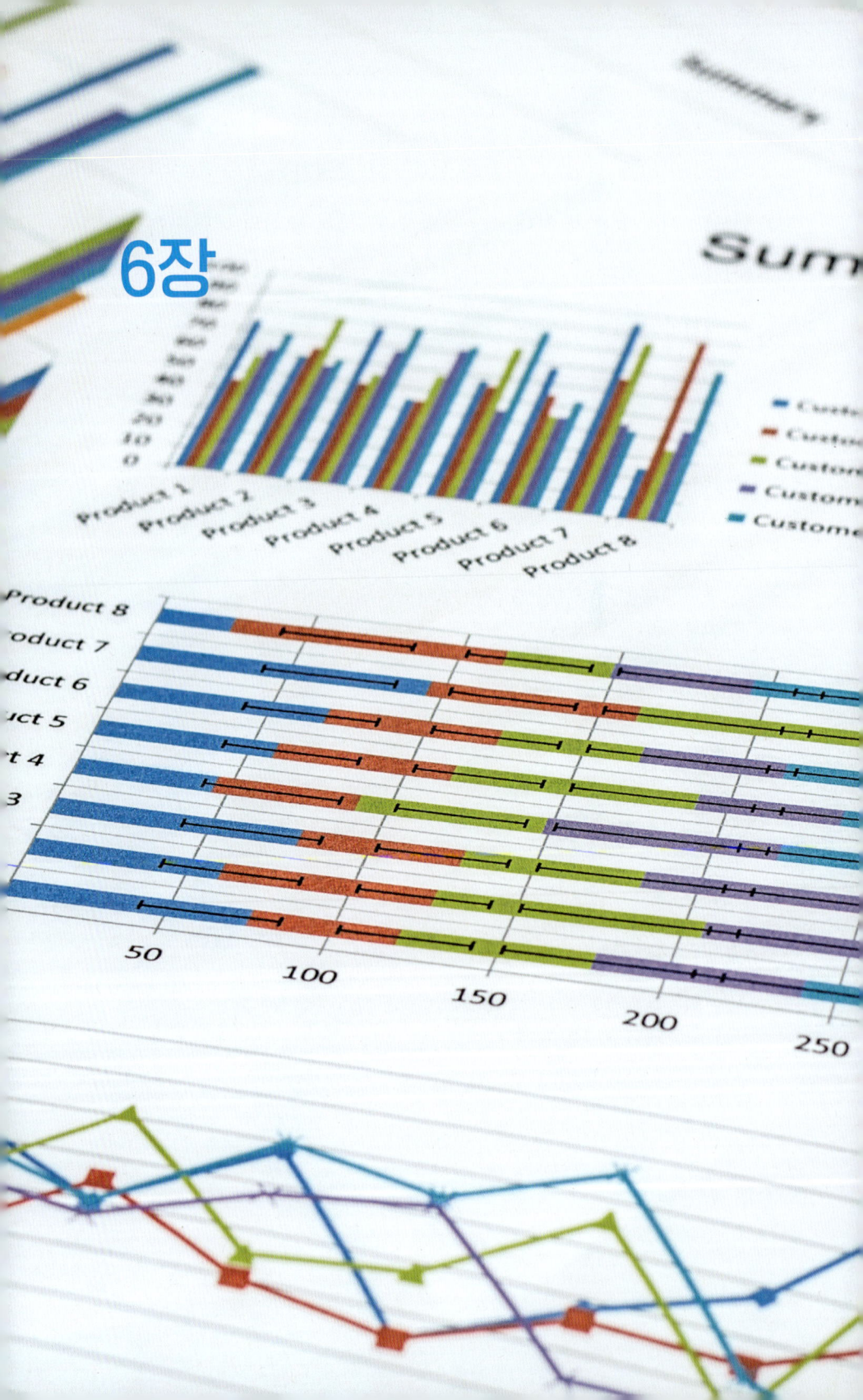

6장

공급으로 보는 도시의 사이클과 시장 예측 방법

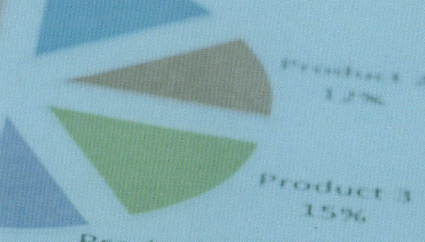
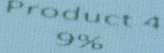

시장의 전망은
어떻게 하나?

한 해 시장의 전망은 어떻게 하는 것일까? 수많은 전문가들이 나름의 인사이트를 가지고 시장을 전망한다. 그런데 그해 몇 퍼센트 올라간다, 떨어진다 하는 전망은 어떻게 나오는 것일까? 어떠한 근거로 몇 퍼센트 상승을 예측하는지 정말 모르겠다.

필자가 생각하는 그해 전망은 추세와 변수의 합이 그해 전망이라고 생각한다. 추세는 상승의 추세든, 하락의 추세든 하나의 방향이고, 변수는 그해 수많은 변수들 중에서 시장에 가장 크게 영향을 주는 것들로 인해 시장의 변동성, 즉 상승폭이나 하락폭에 영향을 주게 된다. 상승장에서 하락의 변수가 들어오면 상승의 폭을 흡수하게 되고, 하락장에서 상승의 변수가 들어오게 되면 하락폭이 진정된다. 하지만 상승이든, 하락이든, 추세가 정해져 있다면 방향은 바뀌지 않고 변동폭만 조정을 받는 것이다.

　앞서 이야기했듯이 IMF라는 외부 변수가 방향을 바꾸는 것이 아니라, 상승의 변동폭을 모두 흡수해 하락으로 만들었고, 이후 다시 상승으로 연결되는 것이다. 이렇게 연결된 시장에서는 지금의 입주물량조차 앞에 누적된 공급량과 연결되어 있으며, 지금껏 상승한 상승률이 또한 수요를 감소시켜 시장에 영향을 주고받는 것이다. 그래서 한 해의 전망을 하는 것보다 추세가 지속할 것인지에 대한 흐름을 전망하는 것이 더 정확한 예측이고, 투자에는 훨씬 도움이 된다.

　도시마다 상승의 변곡점, 추세의 길이, 변수를 받아들이는 힘의 차이, 그리고 새로운 수요를 만들어내는 힘이 모두 다르다. 이러한 다른 점들을 이해했을 때 지금까지 보였던 시장의 흐름 및 현재의 위치에서 앞으로의 방향을 제시할 수 있는 것이다.

　도시마다 공급으로 사이클이 어떻게 형성되며, 시장을 예측하는지 이번 사이클에서 가장 선행 시장인 부산과 우리나라 대표 선두 시장인 서울 수도권의 공급량을 가지고 2020년 시장을 예측해보자.

	한계 수요	상승의 변곡점		하락의 변곡점		영향권	입주물량 상관관계
		주요 통계	보조지표	주요 통계	보조지표		
서울	수도권 15만~16만 5,000	1. 누적공급량 2. 전세가율 60% 3. 금리, 전월세전환율 4. 글로벌 주택경기 사이클	1. 미분양 2. 전세수급 3. 전세가격 4. 매수우위지수 5. 거래량		1. 미분양 2. 자가 보유율 3. 전세가격 4. 거래량 5. 매수우위지수	1. 주택 경기 2. 글로벌 주택 사이클	하
경기도				1. 누적공급량 2. 글로벌 경기 사이클		1. 서울 부동산 시장	중
인천	2만 3,000~2만 4,000	1. 3년 누적공급량	1. 3년 누적공급량 (한계 수요 2만)	1. 3년 누적공급량	1. 미분양 2. 자가 보유율 3. 전세가격 4. 거래량 5. 매수우위지수	1. 서울 부동산 시장 2. 경기도 부동산시장	중
부산	1만 5,000~1만 7,000	1. 3년 누적공급량	1. 미분양 2. 전세수급 3. 전세가격 4. 매수우위지수 5. 거래량	1. 3년 누적공급량	1. 미분양 2. 자가 보유율 3. 전세가격 4. 거래량 5. 매수우위지수	1. 경남 부동산 시장	상
대구	9,500~1만 500	1. 3년 누적공급량	1. 미분양 2. 전세수급 3. 전세가격 4. 매수우위지수 5. 거래량	1. 3년 누적공급량	1. 미분양 2. 자가 보유율 3. 전세가격 4. 거래량 5. 매수우위지수	1. 경북 부동산 시장	상
대전	1만~1만 1,000	1. 3년 누적공급량	1. 미분양 2. 전세수급 3. 전세가격 4. 매수우위지수 5. 거래량	1. 3년 누적공급량	1. 미분양 2. 자가 보유율 3. 전세가격 4. 거래량 5. 매수우위지수	1. 세종 부동산 시장	상
광주	7,500~8,500	1. 3년 누적공급량	1. 미분양 2. 전세수급 3. 전세가격 4. 매수우위지수 5. 거래량	1. 3년 누적공급량	1. 미분양 2. 자가 보유율 3. 전세가격 4. 거래량 5. 매수우위지수	1. 지방광역시 시장	중
울산		1. 3년 누적공급량	1. 미분양 2. 전세수급 3. 전세가격 4. 매수우위지수 5. 거래량	1. 3년 누적공급량	1. 미분양 2. 자가 보유율 3. 전세가격 4. 거래량 5. 매수우위지수	1. 부산 부동산 시장 2. 산업 경기	중

[자료 70] 도시별 상승, 하락 변곡시점에 영향을 주는 주요 통계와 영향권 그리고 입주물량과 상관관계

공급으로 보는
시장의 사이클과 전망

1. 선행 시장 부산의 30년 공급량으로 보는 상승과 하락의 사이클과 시장 전망

한 도시를 분석하고 예측하기 위해서는 기본적으로 그 도시가 가지고 있는 고유의 특성을 이해해야 한다. 모든 도시는 구조적, 기능면 등에서 다르기에 똑같은 방법으로 예측할 수는 없다. 그래서 하나의 잣대로 해석할 수 없는 것이다. 한 도시를 이해하기 위해서는 그 도시의 과거부터 현재까지 어떻게 변화해왔으며, 그 도시에 거주하는 수요들이 어떤 선택을 해서 지금의 주거지가 만들어졌는지 이해하는 것이 매우 중요하다. 도시의 변화는 주택 공급 속에서 끊임없이 주거지를 선택하며 만들어졌기 때문이다. 도시의 역사를 가지고 그 도시를 이해해야 가장 잘 이해할 수 있다. 하지만 오랜 기간 걸쳐 만들어진 도시의 생성과정과 변화를 이해하기란 쉽지 않다.

이 장에서는 가격의 변화와 공급만 가지고, 한 도시가 만들어낸 시장의 사이클을 살펴보고 예측해보자. 2007년 이후 이번 상승장에서 가장 선행 시장인 부산은 어떻게 진행되는지 알아보자.

[자료 71]은 34년간 부산의 공급량과 가격 상승률을 사이클별로 나누어 본 것이다. 2장의 한계 수요에서 이야기했듯이 시장 스스로 수요와 공급이 맞춰가며 찾아간 평균 입주물량은 2만 3,000세대에서 2만 4,000세대다.

이 한계 수요를 기준으로 사이클을 만들어 보면, [자료 71] 같이 나온다. 1987년부터 1991년까지 첫 번째 상승구간인 평균 입주물량은 1만 1,833세대이고, 이 구간 상승률은 +168.75%다. 한계 수요보다 적게 공급된 구간이었다.

1992년은 3년 차 과공급의 시작점에서 하락의 변곡점이 발생한다. 이때부터 매매가격은 하락추세가 된다. 1998년까지 평균 입주물량은 3만 3,258세대이며, 이 구간은 -27.08% 하락한다.

첫 번째 상승과 하락구간인 1987년부터 1998년까지 평균 입주물량은 2만 4,330세대다. 이를 1사이클이라고 하자. 1사이클 내에서도 한계 수요 2만 4,000세대에서 이뤄진 것을 알 수 있다.

2사이클은 1999년에 상승변곡점이 일어난다. 한계 수요보다 적게 공급된 3년 차 누적의 첫해다. 매매가격 상승추세는 1999년부터

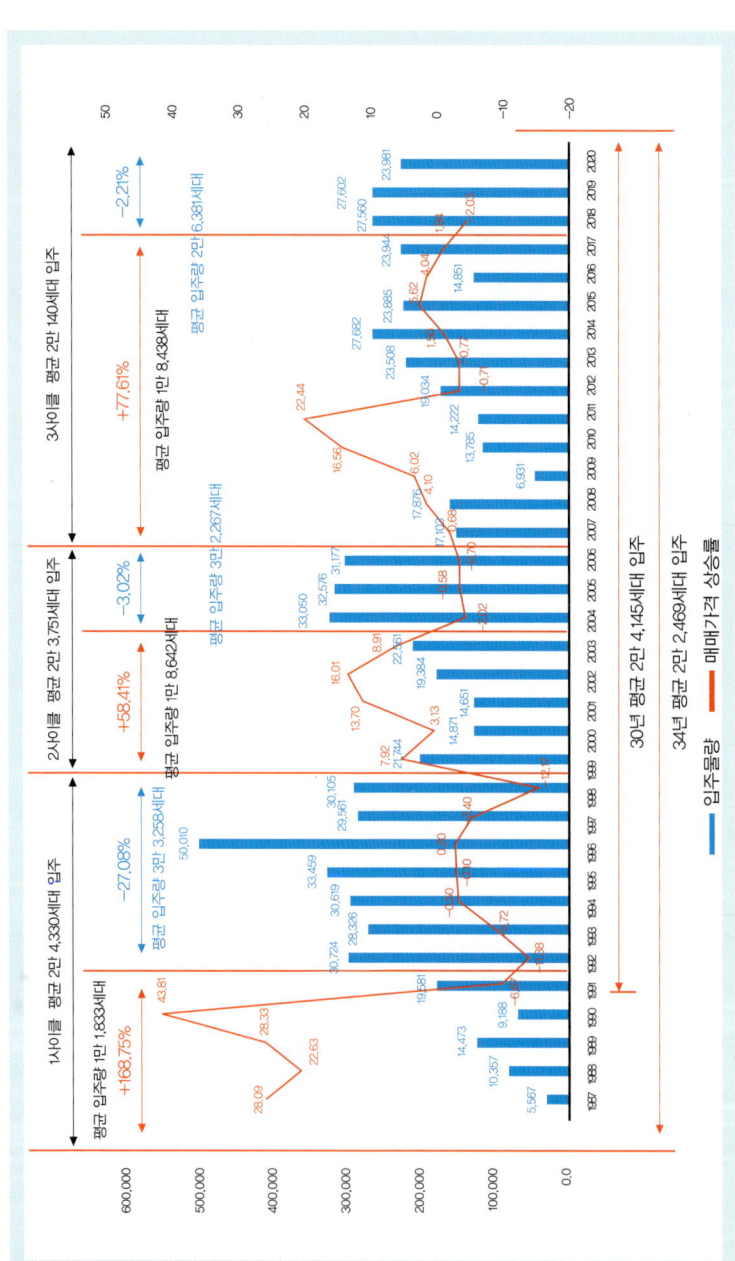

[자료 71] 30년 공급량으로 보는 상승과 하락 사이클(부산)

242 부동산 투자 인사이트

2003년까지 상승했으며 평균 입주물량은 1만 8,642세대에 +58.41% 상승한다.

2004년부터는 다시 하락변곡점이 시작해 2006년까지 추세하락하게 된다. 이때 평균 입주물량은 3만 2,267세대이며, 이 기간 동안 -3.02% 하락을 한다. 2사이클인 1999년부터 2006년까지 평균 입주물량은 2만 3,751세대다.

3사이클은 2007년부터 상승추세를 시작해 2017년까지로 10년간 평균 입주물량은 1만 8,438세대다. 이 구간에는 +77.61% 상승을 했다.

2018년부터는 하락추세에 들어간다. 다가올 2020년까지 평균 입주물량은 2만 6,381세대의 하락환경에 영향을 받으며 진행되고 있다. 2018년부터 2019년 2월까지는 -2.21% 하락하고 있다.

2019년에는 2만 6,381세대가 입주하고 있으며, 2020년에는 2만 3,981세대가 입주예정이다. 이를 기준으로 시장을 예측해보면 3사이클 전체 물량은 2만 140세대로 1사이클과 2사이클보다는 작다.

하지만 현재의 시점과 마지막 하락추세에서 보면, 3차 사이클 내에서 2018년부터 하락의 변곡점과 추세가 만들어졌다. 2020년까지 예정 공급을 보면, 한계 수요를 넘은 공급으로써 전체 시장에 여전히 좋지 않은 영향을 줄 것으로 보인다. 따라서 2019년 부산의 주택 시장은 전체적으로는 하락에서 벗어나기 힘들 것으로 예측된다. 정부에서 규제 완화 정책을 해도 2020년 상반기까지는 하락이 불가피해 보인다. 마지막으로 시장이 어떻게 영향을 받는지 보면 이렇게 예측할 수가 있다. 3차 사이클(2007년~2020년) 내에서 긴 시각으로 보면, 1차 사이클(1987년~1998년) 평균입주량 2만 4,330세대, 2차 사이클(1999년~2006년) 평균입주물량 2만 3,751세대보다 적은 2만 140세대로 영향을 주고 있고, 2018년 하락의 변곡점에서 시작된 영향은 2만 6,381세대의 영향을 받고 있으며, 현재의 영향은 2019년 2만 7,602세대의 입주물량의 영향을 받아 시장의 흐름을 이어가고 있는 것이다. 이를 기준으로 보면, 2만 140세대에 있는 3차 사이클의 입주물량은 한계 수요 밑에 있기 때문에 힘들어도 신축은 보유하는 것도 나쁘지 않아 보인다. 2018년에 2만 7,560세대에서 시작된 하락추세는 2020년까지 이어져서 구축은 선택하지 않는 것이 바람직해 보인다.

2019년의 2만 7,602세대는 한계 수요까지 넘어선 입주물량으로, 추세적인 매매가격 하락과 현재의 입주물량에 가장 영향을 받는 전세가격까지 하락으로 이어진다고 예측할 수 있다. 지금은 정부 규제를 통해서 투자 수요가 걷혀 있기 때문에 부산의 경우 투자 수요가 없는, 즉 가수요가 없는 실수요자 시장에 의해서 입주물량 자체만으로 시장을 잘 표현하고 있는 것이다. 그래서 부산의 2019년 전망은 매매, 전세가격 모두 정부 정책과 상관없이 입주물량만으로도 하락은 불가피해 보인다. 이를 기준으로 해석해보면, 2019년과 2020년은 매매가격, 전세가격 모두 하락의 방향은 변함이 없다고 예측할 수 있다.

부산의 34년 공급 자료를 통해서 상승과 하락의 사이클을 살펴보고, 2019년 전망을 해봤다. 이에 더해 도시의 구조와 기능, 그리고 지역에 대한 이해가 높을수록 다음 상승장에 높은 수익률을 거둘 수 있다.

2. 선두 시장 서울 수도권의 공급량으로 보는 상승과 하락의 사이클과 시장 전망

[자료 72]는 서울의 공급물량으로 보는 시장의 사이클이다. 서울의 사이클을 이해하기 위해서는 어떻게 상승을 만들어냈는지가 매우 중요하다. 도시마다 상승을 만들어내는 힘의 에너지가 조금씩 다르기 때문이다. 이는 도시마다 다른 특성을 가지고 있기에 똑같은 방식으로 상승할 수 없다. 특히 서울 수도권은 이 점에서 매우 중요하다.

수도권에 거주하는 2,500만 명의 사람들을 상승에 동참시키는 것은 매우 어렵다. 이렇게 어렵다는 것은 반대로 하락도 매우 어렵다는 의미다. 큰 도시를 상승시키기 위해서는 큰 힘이 필요하다. 큰 도시가 움직이기 위해서는 오랜 시간 동안 상승의 환경을 만들어 놓아야 한다. 그 첫 번째가 높은 전세가율이다. 높은 전세가율은 한 해 공급이 적다고 만들어질 수가 없다. 특히 수도권 같이 큰 도시일 경우, 모든 지역을 높은 전세가율로 만든다는 것은 오랜 시간 동안 누적된 공

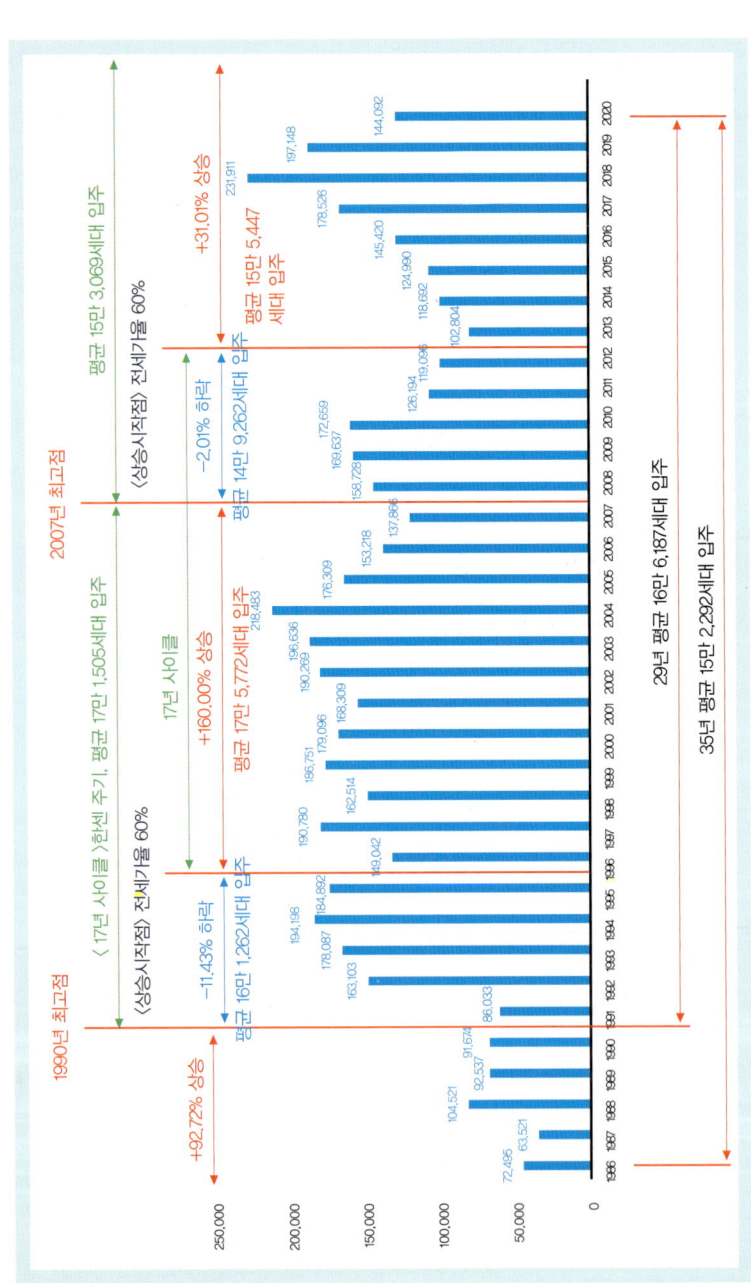

[자료 72] 30년 공급량으로 보는 상승과 하락의 사이클(수도권) *입주물량은 수도권 전체, 가격 상승률은 서울 기준

출처 : KB 부동산

246 부동산 투자 인사이트

급량에 의해서 서서히 만들어지는 것이다. 높은 전세가율은 실수요자에 의해서 만들어진 환경이며, 이는 실수요자가 매수로 참여할 수 있는 여건을 만들어 놓았다는 의미이기도 하다.

두 번째는 수익률이다. 낮은 금리로 인한 시세 차익과 동시에 수익률이 나올 때 투자자가 시장에 참여하게 된다. 이 부분이 투자자가 들어오게 하는 부분이다.

세 번째는 글로벌 주택 사이클이다. 이는 서울은 글로벌 주택 시장과 사이클이 비슷하게 움직인다는 것이다. 이 세 가지가 힘의 에너지원이 되어서 상승의 시작점, 즉 변곡점을 만들었다고 본다. 정리하면 다음과 같다.

① 공급부족이 만든 누적된 상승환경인 전세가율 - 실수요자 진입환경
② 저금리로 만든 수익형 부동산인 월세 수익 - 투자자 진입환경
③ 글로벌 주택 사이클에 동조 - 선행 시장과 동조

먼저 수도권에서 29년 동안 시장 스스로가 만든 수요와 공급의 균형점은 16만 6,000세대 정도를 소화했다. 서울은 한 해 공급량으로 시장을 판단하지 않는다. 누적된 공급량으로 만든 환경에 의한 에너지를 다음에 사용하기 때문이다. 2008년에서부터 2012년까지의 하

락기간에 쌓아온 환경을 2014년부터 지금 상승환경에서 이 수요들이 움직이고 있는 것이다. 그래서 2014년도부터 입주물량은 전세가격의 영향이 크고, 매매가격과 상관관계는 낮다.

지난 과거부터 돌아보면 1990년 최고점을 찍고, 다음 고점이 2007년이다. 17년 주기인 한센주기와 유사하다. 1991년 고점에서 1995년까지 하락구간으로 이때 평균 입주물량은 16만 1,262세대에서 서울은 -11.43% 하락했다. 이 하락구간에 전세가율이 60%까지 올라갔으며, 변곡점이 시작된 시점이 1996년으로, 이때가 상승의 시작점이다. 이후 1997년, 1998년 IMF라는 큰 변수에서 잠시 멈추었다가 2007년까지 상승을 했다. 상승구간인 1996년부터 2007년까지의 상승률은 +160%이며, 평균 입주물량은 17만 5,772세대다. 지난 하락기보다 오히려 입주물량이 많았음에도 불구하고 상승을 만들어냈다. 즉 1991년부터 1995년은 공급물량이 적은 환경에서도 하락하며, 이 시기에 시장의 에너지를 만든 것이다.

이번 사이클의 시작점인 2008년부터 2012년까지는 -2.01% 하락했다. 이때 평균 입주물량은 14만 9,262세대다. 이때도 역시 입주물량이 적었고, 이 기간 동안 상승의 에너지를 축적하고 있었다고 판단된다. 이번 사이클의 시작점인 2008년에 41%까지 떨어졌던 전세가율이 2013년 9월을 기점으로 60%까지 올라갔다. 그 시점과 비슷하게 수도권은 2013년 10월에 상승의 변곡점을 만들며, 지금까지 흐름이 이어지고 있다.

2013년부터 2018년까지 평균 입주물량은 15만 5,447세대이며, +31.01% 상승을 했다. 2018년 9·13 대책 이후 시장이 침체해 있는 과정에서 2019년을 지나고 있다. 그럼 2019년 전망은 어떻게 해야 할까? 수도권은 한 해 입주물량으로 분석이 불가능한 지역이며, 큰 방향이 어디로 가고 있는지 아는 게 더 중요하다.

2008년을 이번 사이클 시작점에서 17년 사이클로 대입하면, 고점은 2025년 근방일 것으로 예측할 수 있다. 상승의 시작점인 2013년을 기준으로 하면, 최저점은 2030년이 된다. 2025년까지 등락을 하며 최고점까지 도달한 다음, 천천히 2030년까지 하락하는 그림을 그려볼 수 있다. 또 하나 같이 볼 것은 공급량이다. 수도권 전체 시장을 멈출 수 있는 것은 공급량이다. 이는 200만 호 건설이 시작되고 첫 입주가 시작된 1991년에 시장이 멈추었듯이 글로벌 주택 경기와 함께 공급량도 같이 봐야 한다.

2018년 말, 그리고 2019년에 추가 발표된 3기 신도시의 본격적인 공급은 2021년이며, 입주는 2023년에서 2025년 즈음으로 예측해볼 수 있다. 이를 기준으로 보면, 이번 사이클의 정점도 앞서 이야기한 2025년 전후로, 공급과 비교해봐도 비슷할 것으로 예측된다. 2017년 후반기부터 2019년까지 상당히 많은 입주물량이 수도권에 영향을 주고 있다. 특히 2018년과 2019년에 많은 입주물량의 직접적인 영향권은 전세다. 매수 수요는 가수요가 있기에 판단하기 힘들지만, 그해 입주물량으로 가장 영향을 많이 받는 것은 전세수급과 전세가격이다.

2018년부터 수도권은 전세의 영향을 받고 있으며, 마이너스로 현재 진행 중이다. 2019년의 수도권의 입주물량으로 보면 전 지역에 전세가 상승을 빠르게 전환시키기는 힘들어 보인다. 특히 경기도에 집중된 입주물량에 영향을 더 크게 받고 있기 때문이다. 이 과공급의 시기를 지나고 점차 전세가 안정되면 다시 매매가격에 영향을 줄 것이다.

2018년 9·13 대책 이후 서울 수도권은 침체구간에 들어가 있는 것으로 보이나, 현장에서는 실거주 에너지들이 속속 나오고 있고, 다시 상승의 에너지를 키우고 있다. 서울 수도권의 경우 긴 흐름을 보았을 때 2019년의 매매가격 조정이 있더라도 매수를 선택해야 하며, 2020년으로 갈수록 상승압력은 높아질 것으로 예상할 수 있다.

긴 상승의 에너지가 모두 시장에 나오고 흡수되는 데까지 꽤 많은 시간이 필요한 곳이 서울 수도권이다. 상승을 시키는 것도 힘들지만, 하락을 만드는 것도 쉽지 않기 때문에 긴 호흡을 가지고 시장을 바라볼 수 있어야 한다. 서울 수도권은 잠재되어 있는 수요가 상대적으로 많고, 자가 보유율도 높지 않다. 이 잠재된 수요가 깨어났기 때문에 공급과 큰 사이클의 시점을 보고, 중간에 정책으로 나오는 변수를 꼭 계산할 필요는 없어 보인다.

지금껏 단 한 번도 정책으로 상승에서 하락으로, 하락에서 상승으로 방향이 바뀌거나 한 적은 없다. 이는 어느 도시나 마찬가지다. 이번 사이클의 선행 시장을 부산과 지금 움직이고 있는 수도권 시장을 분석으로 이 책을 마무리한다.

이번에 내용에 넣지 못한 대구, 대전, 광주, 울산의 도시 사이클을 만들어가는 과정과 각 도시가 가지고 있는 고유한 특성, 그리고 어떻게 시장에서 움직이고, 가격에 영향을 주는지는 다음에 자세히 소개하고자 한다.

에필로그

1999년 서른 한 살에 집을 처음 산 계기가 나를 여기까지 오게 했다. 2019년 올해 부동산이라는 것을 시작한 지 20년 차에 접어들고 있지만, 시장은 여전히 어렵고, 예측도 힘들다.

최근에는 부동산 지식의 양이 엄청난 속도로 늘어나고 있고, 과거에 알았던 지식들이 현재는 잘 맞지 않는 경우도 있다. 부동산은 역사와 같아서 그 도시를 오랫동안 지켜본 사람이 좀 더 유리하지만, 과거 부동산의 패턴이 매번 똑같지는 않다는 것을 유의해야 한다.

우리는 단 한 번도 같은 환경의 부동산을 접해본 적 없다. 도시가 발전하고 변화하는 가운데, 정부의 정책 또한 끊임없이 바뀌고, 그 속에 거주하는 사람들 또한 달라진다. 우리가 과거를 알고, 부동산을 배우는 것은 사람들을 좀 더 잘 이해하기 위함이다. 그다음에 현재 시대 흐름에 맞춰 시장을 바라볼 필요가 있다.

이 책에서 어떤 한 곳이 좋다, 나쁘다고 이야기하지 않은 이유는 시기에 따라서 부동산의 평가가 달라지기 때문이다. 아울러 부동산 자체의 변화가 또 있기 때문에 명쾌하게 하나의 답을 내릴 수 없다.

독자 여러분이 이 책을 통해 시장을 바라보는 객관적인 시각을 가지고, 현상을 이해했으면 좋겠다. 또한 그 현상을 통해서 부동산을 바르게 볼 수 있었으면 한다. 이 책이 오랜 시간 동안 두고두고 많은 사람들에게 부동산 인사이트를 줄 수 있는 책이 됐으면 한다.

또한 현장의 동료 투자자이자 강사이고, 가족으로서 늘 나를 응원해주는 아내 김지은에게 감사한다. 내가 이 길을 가는 데 있어 외롭지 않도록, 흔들림 없이 갈 수 있게 해주어 고맙다. 마지막으로 끝까지 기다려주신 두드림미디어 한성주 대표님에게 다시 한 번 감사드린다.

부동산 투자
인사이트

제1판 1쇄 2019년 8월 30일
제1판 11쇄 2023년 12월 11일

지은이 김준영
펴낸이 최경선 **펴낸곳** 매경출판(주)
기획제작 (주)두드림미디어
책임편집 배성분 디자인 얼앤똘비악 earl_tolbiac@naver.com
마케팅 김성현, 한동우, 구민지

매경출판(주)
등록 2003년 4월 24일(No. 2-3759)
주소 (04557) 서울시 중구 충무로 2(필동1가) 매일경제 별관 2층 매경출판(주)
홈페이지 www.mkbook.co.kr
전화 02)333-3577
이메일 dodreamedia@naver.com(원고 투고 및 출판 관련 문의)
인쇄·제본 ㈜M-print 031)8071-0961
ISBN 979-11-6484-006-9 (03320)

책 내용에 관한 궁금증은 표지 앞날개에 있는 저자의 이메일이나
저자의 각종 SNS 연락처로 문의해주시길 바랍니다.

책값은 뒤표지에 있습니다.
파본은 구입하신 서점에서 교환해드립니다.

이 도서의 국립중앙도서관 출판예정도서목록(CIP)은 서지정보유통지원시스템 홈페이지(http://seoji.nl.go.kr)와
국가자료공동목록시스템(http://www.nl.go.kr/kolisnet)에서 이용하실 수 있습니다.
(CIP제어번호: CIP2019032004)

부동산 도서 목록

   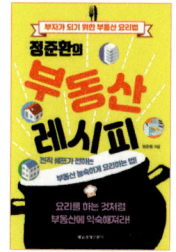
   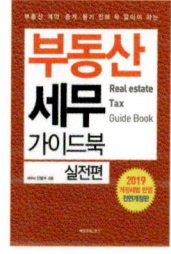
  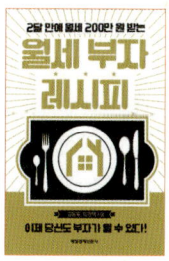 

부동산 도서 목록

부동산 도서 목록

부동산 도서 목록

   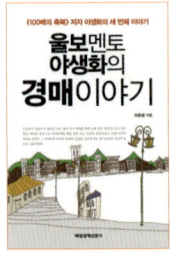

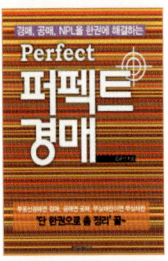   

가치 있는 콘텐츠와 사람
꿈꾸던 미래와 현재를 잇는 통로

Tel : 02-333-3577
E-mail : dodreamedia@naver.com